全国高考语文现代文阅读

"热点作家"
经典作品精选集

试卷上的作家

张国龙 / 主编

楼兰的忧郁

梅 洁 / 著

延伸阅读　备战高考

适合考生进行语文阅读的散文集

走进语文之美，领略阅读精髓

高中版

丰富的阅读素材

从童年往事到世间百态

从青葱校园到异域风光

开阔视野，看见世界，提升写作能力和人文素养

中国出版集团有限公司

世界图书出版公司

上海　西安　北京　广州

图书在版编目（CIP）数据

楼兰的忧郁 / 梅洁著. — 上海：上海世界图书出版
公司, 2023.11
（试卷上的作家 / 张国龙主编）
ISBN 978-7-5232-0238-8

Ⅰ.①楼… Ⅱ.①梅… Ⅲ.①阅读课—中学—教学
参考资料Ⅳ.①G634.333

中国国家版本馆CIP数据核字（2023）第036694号

书　　名	楼兰的忧郁
	Loulan de Youyu
著　　者	梅　洁
责任编辑	吴柯茜
出版发行	上海世界图书出版公司
地　　址	上海市广中路 88 号 9-10 楼
邮　　编	200083
网　　址	http://www.wpcsh.com
经　　销	新华书店
印　　刷	三河市兴博印务有限公司
开　　本	700mm×1000mm　1/16
印　　张	14
字　　数	156 千字
版　　次	2023 年 11 月第 1 版　　2023 年 11 月第 1 次印刷
书　　号	ISBN 978-7-5232-0238-8/G·822
定　　价	39.80 元

总　序

情感和思想的写真

张国龙

　　和小说、诗歌等相比，散文与大众更为亲近。大多数人一生中或多或少会运用到散文，诸如，写作文、写信、写留言条等。和小说相比，散文大多篇幅不长，不需占用太多的读写时间；和诗歌相比，散文更为通俗易懂。一句话，散文具有草根性和平民性气质。

　　在中小学语文课本中，散文篇目体量最大。换句话说，散文是中小学语文教学不可或缺的资源。中学生所学的语文课文大多是散文；小学生初学写作文，散文便是最早的试验田。从某种意义上说，中小学作文教学就是散文教学，主要涉及记叙性散文、抒情性散文和议论性散文等。在中考、高考等各类考试中，作文的写作离不开这三类散文，甚至明确规定不可以写成诗歌。可见，散文这一文体在阅读和写作中占据了举足轻重的地位。

　　然而，散文作为一种"回忆性"文体，作者需要丰富的生活经历和厚重的人生体验。散文佳作，自然离不开情感的真挚性和思想的震撼性。因此，书写少年儿童生活和展现少年儿童心灵世界的散文，无外乎两类：一是成年作家回望童年和少年时光；二是少年儿童书写成长中的自己。这两类散文可统称为"少年儿童本位散文"。显而易见，前者数量更大，作品质量更高。事实上，还有相当一部分散文作品，虽然并非以少年儿童为本位，却能被少年儿童理解、接受，能够滋养少年儿童的心灵。

这套丛书遴选了众多散文名家，每人一部作品集。这些作家作品可以分作两类。一类是主要从事儿童文学创作的作家，基于少年儿童本位创作的散文。比如吴然的《白水台看云》、安武林的《安徒生的孤独》、林彦的《星星还在北方》、张国龙的《一里路需要走多久》。另一类是主要创作成人文学的作家，虽不是专为少年儿童创作，却能被少年儿童接受的散文。比如，刘心武的《起点之美》、韩小蕙的《目标始终如一》、刘庆邦的《端灯》、曹旭的《有温度的生活》、王兆胜的《阳光心房》、杨海蒂的《杂花生树》、乔叶的《鲜花课》、林夕的《从身边最近的地方寻找快乐》、辛茜的《鸟儿细语》、张丽钧的《心壤之上，万亩花开》、安宁的《一只蚂蚁爬过春天》、朱鸿的《高考作文的命题与散文写作》、梅洁的《楼兰的忧郁》、裘山山的《相亲相爱的水》、叶倾城的《用三十年等我自己长大》、简默的《指尖花田》、尹传红的《由雪引发的科学实验》。一方面，这些作家的作品皆适合少年儿童阅读；另一方面，这些作家的某些篇章曾出现在中小学生的语文试卷上。因此，可以称呼他们为"试卷上的作家"。

通观上述作家的散文集，无论是否以少年儿童为本位，都着力观照内心世界，抒发主体情思，崇尚真实、自由、率性的表达。

这些散文集涉及的题材多种多样，大致可分为如下三类。

其一，日常生活类。"叙事型"和"写景状物型"散文即是。铺写"我"童年、少年生活中真实的人、事、情、景。以记叙为主，抒情与议论点染其间。比如，刘庆邦的《十五岁的少年向往百草园》

以温润的笔触，描摹了"我"在15岁那年拜谒鲁迅故居的点点滴滴，展现了一个乡村少年对大文豪鲁迅先生的渴慕与敬仰。安武林的《黑豆里的母亲》用简约的文字，勾勒出母亲一生的困苦、卑微和坚忍，字里行间点染着悲悯与痛惜。

其二，情感类。通常所说的"抒情型"散文属此范畴，即由现实生活中的人、事、情、景引发的喜、怒、哀、乐等。以渲染"我"的主体情思为重心，人、事、情、景等是点燃内心真情实感的导火索。比如，梅洁的《童年旧事》饱蘸深情，铺叙了童年的"我"和同班同学阿三彼此的关心。一别数十载，重逢时已物人两非。曾经有着明亮单眼皮眼睛的阿三，已被岁月淘洗成"一个沉静而冷凝的男子汉"。"我"不由得轻喟，"成年的阿三不属于我的感情"。辛茜的《花生米》娓娓叙说了父亲为了让"我"能吃到珍贵的花生米，带"我"去朋友家做客，并让"我"独自留宿。一夜小别，父女似久别重逢。得知那家的阿姨并没有给"我"炸花生米吃，父亲欲说还休。而多年之后的"我"，回忆起这件事仍旧如鲠在喉。

其三，性情类。"独白型"散文即是。心灵世界辽阔无边，充满了芜杂的景观。事实上，我们往往只能抵达心灵九重天的一隅。在心灵的迷宫中，有多少隐秘、幽微的意识浪花被我们忽略？外部世界再大也总会有边际，心灵世界之大却无法准确找到疆界，如同深邃莫测的时光隧道。每天一睁眼，意识就开始流动、发散，我们是否能够把内心的律动细致入微地记录下来？这必定是高难度写作。如果我们追问个体生命的具体存在状态，每一天的意识流动无疑就是我们存在的最好确证。比如，曹旭的《梦雨》惜字如金，将人的形象和物的意象有机相融，把女性和江南相连缀，物我同一。

尤其是把雨比喻成女孩，"第一次见面，你甚至不必下，我的池塘里已布满你透明的韵律"，空灵、曼妙，蕴藉了唐诗宋词的意味。乔叶的《我是一片瓦》由乡村习见的"瓦"浮想联翩，岁月倥偬，"瓦"已凝结成意象，沉入"我"的血脉，伴随我到天南海北。"瓦"是"我"写作的情结，更是另一个"我"。杨海蒂的《我去地坛，只为能与他相遇》，"我"因为喜欢史铁生的《我与地坛》而一次次去地坛，真真切切地感受史铁生的轮椅和笔触曾触摸过的一草一木。字里行间，漫溢出一个人对另一个人的体恤与爱怜、一个作家对另一个作家的仰望与珍视。或者说，一个作家文字里流淌的真性情，激活了另一个作家的率性和坦荡。

不管是铺写日常生活、表达真挚情感，还是展现率真性情，上述作品大体具有如下审美特征。

其一，真实性。从艺术表现的特质看，散文是最具"个人性"的文体，一切从自我出发。或者说，散文就是写作者的"自叙传"和"内心独白"。这就决定了散文的内容，其人、事、情、景等皆具有真实性，甚至可以一一还原。当然，真实性在散文中呈现的状态是开放、多元的，与虚假、虚构相对抗，尤其体现在表象的真实和心理的真实。不管是客观、物化的真实，还是主观、抽象的心理真实，只要是因"我"的情感涌动而吟唱出的"心底的歌"，就无碍于散文的"真"。散文的真实，大多体现为客观的真实，即"我"亲历（耳闻目睹），"我"所叙述的"场景"实实在在发生过，甚至可以找到见证人。对事件的讲述甚至具有纪实性，与事件相关的人甚至可以与"我"生活中的某人对号入座。叙写的逻辑顺序为："我"看见＋"我"听见＋"我"想到，即"我"的所见、所闻和所感，且多采取"叙述＋抒情＋议论"的表现方式。比如，林彦的《夜别枫桥》，少年的"我"先是遭遇父母离异，而后因病休学，独自客居苏州。那座始终沉默无语的枫桥，见证了"我"在苏州的数百个日日夜夜。那些萍水相逢的过客，却给予了"我"终生铭记的真情。

其二，美文性。少年儿童散文通常用美的文字，再现美的生活，营造美的意境，表现美好的人情、人性和人格，是真正的"美文"。比如，吴然的《樱花信》，语言叮当如环佩，景物描写美轮美奂，读来令人神清气爽，齿唇留香。"阳光是那样柔和亮丽，薄薄的，嫩嫩的，从花枝花簇间摇落下来，一晃一晃地偷看我给你写信……饱满的花瓣，那么嫩那么丰润，似乎那绯红的汁液就要滴下来了，滴在我的信笺上了。你尽可以想象此刻圆通山的美丽。空气是清澈的，在一缕淡淡的通明的浅红中，弥漫着花的芬芳……昆明人都来看樱花，都来拜访樱花了！谁要是错过了这个芬芳绚丽的节日，谁都会遗憾，都会觉得生活中缺少了一种情调，一种明亮与温馨……"安宁的《流浪的野草》，文字素面朝天、洗尽铅华，彰显了空灵、曼妙、清丽的情思。"燕麦在高高的坡上，像一株柔弱的树苗，站在风里，注视着我们的村庄。有时，她也会背转过身去，朝着远方眺望。我猜那里是她即将前往的地方。远方有什么呢，除了大片大片的田地，或者蜿蜒曲折的河流，我完全想象不出。"

其三，趣味性。少年儿童生活色彩斑斓，充满了童真、童趣。少年儿童散文不论是写人、记事，还是抒情、言志，皆注重生动活泼、趣味盎然。与此同时，人生中的诸多真谛自然而然地流淌于字里行间，从而使文章具有超越生活的理趣，既提升了文章的境界，又能陶冶阅读者的性情。比如，王兆胜的《名人的胡须》，用瀑布、白云、大扫帚、括弧、燕子等各种事物类比各个名人各具特色的胡须。稀松平常的胡须看似可有可无，却有着不同寻常的意义。古今中外名人与胡须的轶事，读来令人莞尔，幽默、风趣的笔调里蕴涵着举重若轻的哲理。张丽钧的《兰花开了18朵》，"我"时常和蝴蝶兰说话，如母亲的斥责，似闺蜜的呢喃，像恋人的娇嗔，满满的人间情怀里渗透着天然的机趣。"我家这株蝴蝶兰，真真是个慢性子——一簇花，耗费了整整66天的时间，才算是开妥了。从2月24日到5月1日，总共开了18朵花，平均3.67天开一朵。我跟她说：'亲呀亲，你可是我拉扯大的呀，咋这脾性半点儿都不随我呢？这么慢条斯理地开，你是打算把全部春光都占尽了吗？'"

　　散文创作通常与作者的亲身经历密切相关，尤其注重展现真性情。因此，散文抒写的往往是个人的心灵史和情感史。这些散文作品不单是中学生写作的范本，还是教导中学生为人处世的良师益友！

2022 年 10 月 18 日

于北京师范大学

序 言

梅 洁

　　我是一个职业写作者，许多年来，我都把手中的笔视作农人手中的锄把。像农人那样宠辱不惊地耕耘，做一个真诚的劳动者，成为我平生的愿望。后来，我发现：写作是一种滋润和营养，它甚至使我们的生命变得越来越年轻。这是我始料不及的。

　　因为写作，我总在感念着生活的点点滴滴，无论是爱与恨、希望与失望、困境与挣脱、友谊与背叛，抑或是温暖与痛楚、幸福与苦难都让我沉浸，都让我流泪。在这无数遥远却又贴近的感念与沉浸中，一颗原本麻木的心变得多感，一双原本愚钝的目光变得深情。这个时候，我还是过去的我吗？

　　因为写作，我开始不断审视人类和自身，包括生存、命运、历史、自然、现在、未来，包括哲学、宗教、艺术、人性……审视的过程是不断学习、积累的过程，是不断向真、向善、向美的过程，是精神不断受洗和提升的过程，当所有的过程嬗变为信仰、道义、自律、宽容、同情，嬗变为谦逊、善良、理解、公正等诸多德行时，我还是过去的我吗？

　　因为写作，我必须勤勉。写作是这个世界上纯粹而又艰难的劳动，它不能重复别人也不能重复自己，更不能总是模仿，它每天都必须是在创造，而所有的创造都是创造者以心灵、思想，抑或血肉之躯孕育的果子。当我能够学会像农人忍受饥饿、暴晒、寒冷、大风、疲惫、旱涝灾害的打击那样忍受焦虑、脆弱、困惑、迷惘、慵懒对我的困扰和煎熬，而日复一日地进行韧性的战斗，最终一丝不苟地将自己心灵和思想的话语填满稿纸的每一个格子，抑或敲进电脑时，我还是过去的我吗？

因为写作，我必须坚守内心的"沉静"。"沉静"能使我用心灵去体悟生活，去直面社会；"沉静"能使我抵达思考的彼岸，从而勇敢而韧性地面对责任，面对良心；"沉静"还使我离弃了世俗的喧嚣和炒作，名禄和功利，还一个真实的自我和矜持而强健的心灵。艺术的守望和文学的成功也就在此刻诞生了。

当我像农人一年又一年地收获劳动果实那样，收获一篇又一篇飘着墨香，且令我心旌摇荡的文字和词语时，我还是过去的我吗？

当贫乏变得丰满，当浅薄变得庄严，当浮躁变为宁静，当呆板变为浪漫，我看世界、看街景、看人的目光、眼神和态度还会和过去一样吗？

我相信，写作是对生命乃至心灵最温润的滋养；我同时相信，写作成就我们的品格，也成就我们的人生。这是上苍对于一个真诚的劳动者最美好的赐予和祝祈。

访　谈

梅洁：好散文在时间的深处，在生命的疼处

徐　芳

徐芳：您是散文高手，同时也创作了大量重大题材的报告文学作品。对于"散文"这一形态本身较为模糊的文学样式的界定，学界各家历来均持异见，虽然已有不少大家的高论言说，但是中国散文理论的体系建构依然处于尚未体系化、理性化、范式化的存在。有鉴于当下存在的情状，考虑到将散文梳理成为全方位、理论化的文本样式存在的难度和问题，您所认识的散文，是否将报告文学、杂文以及各类文学小品容纳其中……另外在散文的实际发展中又是否存在某些缺失与忽视？

梅洁：正如你所说，中国散文理论的体系建构依然处于尚未体系化、理性化、范式化的存在。

我以为真正把散文这一文体体系化、理性化、范式化，是很难的。我甚至想，哪天若真把这人类最易接受、最易表达、受众最多的文学样式"三化"起来，散文也就死了！

在我39年的创作历程中，我起初写诗，1992年在《诗刊》发表我最后一首诗后，我几乎不再写诗了。其时，写诗的同时我一直在写散文。关于"创作了大量重大题材报告文学作品"，是褒奖我了，因为比较而言，我的"量"很少。应该说，我至今认为我不是一个纯粹意义上的报告文学作家，我一直倾心于散文的写作。我还固执地认为诗与散文的写作是我生命的另一种形式。然而，我要说，是报告文学给了我无上的荣誉，是这一最具诚实品格的文学样式，成就了我写作的光荣和生命的质地。

鲁迅文学奖获奖作品《西部的倾诉》，应该说是以散文化的表达和散点透视式的结构，企望从历史、文化、教育、经济、人口、环境等多侧面揭示一个人类生存的怪圈，那就是中国西部贫困带来的教育缺失，尤其是女性教育的缺失导致的野蛮与蒙昧，从而使生存环境遭到根本性的破坏，而环境的被破坏使发展中国家和中国西部更加贫困。这是一个生存陷阱，我或许报告了这个"陷阱"。

1998 年，我曾在中国西部走了数万里。从贵州到甘肃、从甘肃到青海、从青海再到宁夏，50 多天里，我一直在沉寂辽阔的西部高原行走。我已经明白，我行走的理由不再是为了满足文人的浪漫，我是在探寻与我写作命题有关的人文与自然的实证。我数次穿越沙漠、戈壁、高地，我反复翻越海拔 3000 多米的青藏高原，我看到了雅丹地貌可怕的破碎和大面积剥蚀，我的内心充满了惊惧与怜悯；我在风沙弥漫的毛乌素沙漠和腾格里沙漠里行走，我体验着人类艰难的企盼和生存……没有这样艰难的实地行走，我不会写作这部作品。

与此同时，我用20年的时间，关注着中国一个重大水利工程"南水北调中线"背后一个庞大的移民群体。汉水、丹江两岸80余万移民都是我的父老乡亲，在长达半个多世纪的调水过程中，在调水源头我的故乡发生了太多太多的故事，悲壮的沉没，迁徙的眼泪，重建的血汗，无数的焦虑与困惑……2005年，我沿汉水、丹江走了100多天，之后又转身沿极度干渴的京、津、冀走了100多天。最终我把对中国水环境的深重忧患、对养育了我生命的汉水的忧患、对中国移民之命运和生存的忧患，都记写在45万字的《大江北去》一书里了。

从20世纪90年代伊始，我用20多年时间，以140余万字的篇幅，完成了一个迄今世界最大引水工程背后人的命运、人的牺牲与奉献的书写，即"汉水移民三部曲"。

我的报告文学写作仅此而已。

我对一些朋友说，那是我的大散文，或者说，那是我对于散文创作的一种更广阔的深入和更有深度的创作补充。

我说这些是想说：把报告文学、杂文、随笔、书信都归为散文的范畴，我觉得是一种文体势能所趋，只有散文这种文体能收留、包容这些心灵和思想的寄语。我认为它们之间的融合和差异，写作者都会有自己的把控。报告文学叙事的辽阔厚重，散文对人类心灵的慰藉，杂文对世象人心的讽喻与砥砺等等，一个相对成熟的写作者，自应有恰适的掂量。

问题在于：现实中人们每每降低、忽略散文创作的审美品质。

常见的是：事无巨细地把生活的琐琐碎碎很轻率、很不严肃地交付给散文；习惯于散文的小位置、小摆设。对人生、人性以及人的生存思考散文显得清浅而单纯。我们有意无意地在散文创作中放弃或减弱对人类终极价值的深切关怀，放弃对人性负面以及民族、文化、历史的注视。即使偶尔注视了，但一想到散文文体本身——我们已非常习惯并主观地将散文对生活的切入点限定在不承担大文化背景的层面——我们思索的深度立即受阻，批判的锋芒有意内敛。女人们在散文里常常是倾诉一己的悲欢，男人们在散文里常常是一味地插科打诨，于是，社会的大关怀在散文里大踏步后退了。

徐芳： 关于散文创作有句话，叫"形散神不散"；这倾向在相当长一段时间内，曾经主导了散文艺术的创新性探索与散文审美的创造力，那是否亦会同步带来散文审美层次与创作的模式化？

梅洁： "形散神不散"作为一种创作理论抑或是方法论，仿佛在 20 世纪 80 年代有过一段讨论和争议，对五六十年代一些散文的模式化写作给予了很多的辨析和冲击，对后来中国散文浩浩荡荡的发展，给予了文体的松绑和创作主旨与精神的解放。

我的文学创作始于1980年，赶上了一个思想解放的历史新时期，也曾听闻这场"形散神不散"的讨论。但对这场讨论我并未十分在意。我大学是学经济的，毕业从事十多年经济工作后突然改门换道，选择文学，应该说那是在不谙文学为何物的状态下开始的一种文学冲动，对于文学理论更是无知也无感的。"形散神不散"的作品是什么样子？批评"形散神不散"那就是倡导"形散神也散"吗？那样的作品又是什么样子？

　　也许是不在意这些理论的束缚，我就洋洋洒洒写我自己的。应该说，当年我的写作几乎全是受情感的主宰，是受当下情绪所形成的那个"场"的主宰。于是在形式上是不拘一格的，是总在变化的。写某篇作品时我是在伤心地恸哭，那我就声泪俱下地写，有时可以在词语后面连打三个惊叹号，比如《那一脉蓝色山梁》；写另一篇作品时我的心在极度地疼痛，那我就痛彻心扉地写，比如《我的丈夫走在那片青山绿水间》《不是遗言的遗言》；而写遥远而忧伤的忆念，我就情深意长、娓娓道来地写，让"泪水盈眶"但不让它流出来，比如《童年旧事》《福哥儿》；又有些作品，是要用很强的诗意贯通，需要简约抽象，那就奔放吧，辽阔吧，铺排吧，一咏三叹吧，意象层叠吧，甚至长句不打标点吧，比如《爱的履历》《通往格尔木之路》《泪雨霏霏干一杯》……

　　因为余秋雨先生《文化苦旅》的深刻影响，我后来还写了不少历史文化散文，比如《商道》《泥河湾》《驿站》《谁创造了白瓷文明》《晋商与北方丝绸之路》《入襄阳记》《历史的祭坛》《天下蔚州》等等，大都在北京《十月》杂志发表。雷达先生生前曾对这些散文有过评价，他说："……重要的是，她不是外来的行走者，观摩者，这里的每一处遗存都与她的经历血肉交凝；她的文字，不以炫示渊博的知识见长，而以丰盈的情感充塞其间；她的风格，也不是那种冷峻的科学理性，而是以诗性的浓醇动人。因而，不像某些徒有其表的大散文那样空泛，它那苍茫的历史感、悠远的命运感、执着的对民族精神之根的追思，全都源自生命内在的激情。"

我想，一个对散文创作认真负责的写作者，真正给予作品生命的应是永远的真诚与激情，在真诚与激情的写作中，还需要去考虑"神散"还是"神聚"？一篇真正有慰藉心灵品质的散文，"神"能"散"到哪里去？而一味浅薄地图解时代的散文，"神"越"聚"越伪饰、越假作、越遮蔽真性灵。每一个时代的作品都有那个时代的烙印，那烙印是烙在作家心上的，是无法摆脱的，自由心灵的写作只能是自由的外部环境所赋予。20 世纪 50—60 年代散文的单一模式是那个时代赋予的。应该说，改革开放以来，多元文化的涌进，文化语境的敞开，使中国散文的创作呈现出前所未有的繁荣，散文作品的灿烂、绚丽，应该说已冲垮了单一"模式化"束缚，散文的审美层次已大踏步更新。所以，"形散神不散"的争议，已经没有太多意义，它不再会成为文学写作者的"心障"和"文障"。

徐芳：所谓女性散文，就是把自己对生命个体、文学创作的理解和梦想投注到字里行间，尝试着将其对生命、生活和社会的思考纳入一种对于现实生活的观照之中？也可以说，这是更为直接地表达个体心性，是一种敞开自我的写作，这样的散文作品，更清晰地映现了自己的身影、体验、记忆与感情，比如您写亡夫的一组作品竟如同"涕泪"？

梅洁：20 世纪 80 年代，随着伤痕文学的崛起，散文的伤痕写作也悄然出现。许多写作者在抚摸历史的伤痛时，不经意间触及了人类情感的共通处。或者换句话说，写作者在抚摸自身心灵的痛处时，不经意间触及了历史的伤心处。中国女性散文在这个时期呈现出很明显的角色特征。由于长期的社会角色体认和传统规范的压抑，使女性意识和自我价值开始觉醒的一批散文作家，开始了群体性的自我诉说。她们从散文中找到了表达自己、寄托心灵的深刻方式，她们率真而淋漓，她们"真诚的自我表白强烈冲击着旧散文消弭自我的伪质，而呈现出女性纯真的美丽"（蔡江珍《梅洁散文论》）。

无论女性面临怎样的伦理窘迫和精神痛楚，她们对自身处境与情感的深切体味，在以散文写作深入心灵困境的同时，也在深深眺望和探求着同时代人的精神出路。

应该说，我一直很深地裹挟在女性情感散文写作的涡流之中，从 20 世纪 80 年代迄今，《爱的履历》《这一片女儿的情绪》《因为说起三毛》《女人：爱就爱得傻一点》《我是一个幸福的女人》等，都是在体认"这个不尽和谐、不尽完美的男女世界，自知女性的处境、女人的生命意味，而依然要做'有追求，有事业，有爱，有良好的品格'的女人"的诉说。

十多年前，我挚爱一生的丈夫惨逝在昆明至北京的列车上，之后我写下的《我的丈夫走在那片青山绿水间》《泪水之花》《不是遗言的遗言》等，那是一片绝望、疼痛的"涕泪"和"泣血"。丈夫惨逝的场景是我永世的痛苦，他睁着一双大大的眼睛"上路了"，在那个天上人间永世分离的时刻，我目睹了亲人的"死不瞑目"，至今想起来我都肝肠寸断、心碎欲裂！

"我一生一世心疼的那个家因着丈夫的离去已不复存在，没有什么能引渡我内心深处的痛苦。望车窗外泣血的夕阳，我伤痛如斯……"我这样写着。

"你的离去是对我幸福最致命的打击，我至今无法安慰你也无法安慰我自己。我知道我走不出悲痛便没有快乐可言，但没有什么可以化解我内心深处的苦痛。真正的悲痛是化不作力量的，'化悲痛为力量'的教义对我没有意义。"我这样写着。

"亲爱的，在忆念你的时间里，悲苦的泪水将打湿所有的时间……"我这样写着。

我始终认为，女性散文这种敞开心灵、对生活对情感对命运的悲怆、淋漓地写作，是对中国散文的一种审美贡献。

十几年前我说过一句话："好散文在时间的深处，在心灵的痛处"，至今深信不疑。

徐芳：您为什么写作？对艺术的追索，即是人生的升华？是以个人和群体融合、个人和人类融合，个人和宇宙融合，以此来感悟世界的奥秘，人生的真谛——构建审美情感并与之同构？

梅洁：我之所以断然放弃了大学五年经济系本科的专业，放弃大学毕业后从事了十多年的经济工作而改做文学，那实在是我的心灵想发出一种声音。这声音一定要穿越肉体、穿越时空、穿越苦难、穿越空谷与山脉而不管不顾地发出来，那必定是命中注定了。

如你所问，我也常常问自己：是什么让我开始了写作并持续地让我进行着这寂寞的劳作？许多年里，我视写作为心灵的寄托。写作是这世上唯一能永远不厌其烦地听我诉说情感的朋友，能心疼地看我流泪的朋友，也能真心地为我高兴的朋友。我活着，就朋友般与这些文字朝夕相伴；我死了，就权当作我对这个世界的一份依恋。我相信爱我的人和我爱的人会因着这份依恋而感念着一颗善心。我就这样虔敬着我的写作。

卡夫卡曾说："握笔著述，是一种祈祷。"我想，对艺术怀有宗教般的虔诚之心，总能成就我们一二吧。应该说，是在我近 40 年的悄然写作中，文学伟大的诱惑携带着我的心灵之光在默默前行。

我是一个职业写作者，许多年来，我都把手中的笔视作农人手中的锄把。像农人那样宠辱不惊地耕耘，做一个真诚的劳动者，成为我平生的愿望。然而，随着写作时间的延伸，我发现：写作是一种滋润和营养，它使我们的生命质量变得越来越坚实。这是我始料不及的。

因为写作，我总在感念着生活的点点滴滴，无论是爱与恨、希望与失望、困境与挣脱、幸福与苦难都让我沉浸，都让我流泪。在这无数遥远而贴近的感念与沉浸中，一颗原本麻木的心变得多感，一双原本愚钝的目光变得深情。这个时候，我想我应该不全然是过去的我了。

因为写作，我开始不断审视人类和自身，包括生存、命运、历史、自然、现在、未来，包括哲学、宗教、艺术、人性……审视的过程是不断学习、积累的过程，是不断向真、向善、向美的过程，是精神不断受洗礼和提升的过程，当所有的过程嬗变为信仰、自律、宽容，嬗变为谦逊、善良、公正等诸多德行时，我想我的生命应该是有了更丰富的内容。

因为写作，我们一天天增长着对社会道义、责任的担当，对底层人命运的关注和悲悯，对心灵与精神追索的力量……

当写作如此地融合在我们人生的过程中时，我想，它即使救不了这个世界，但它肯定能救我们自己。

2019.1.22.于北京

目录 CATALOGUE

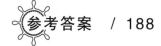

试卷作家
真题回顾

听 水

①我从三峡回来好些时了，可我一静下来，依然可以听到那条江的水声——阴柔的、安详的、生生不息的那条江的水声啊……

②长长的江河暗夜，我围着有汗腥味的毛毯，在 16 个人一间的船舱里听那条江的水声，古老而美丽的水声，千年万年的水声，九曲十八折地从大峡谷流来又一泻千里地流向大海的水声啊。水声有节奏地拍打着我们的船舷，像不知疲倦的、催眠的、母亲的手。两岸的山黑漆漆、静悄悄的，险峻得有些狰狞，江风挟裹着水腥味钻进舱来，凉飕飕、水淋淋的。夜色里，山、天衔接的一线迤逦里，月光孤独而凄婉，唯有这"母亲的手"从容慈祥地拍抚，使我听清了寂夜里的水声，水声里包含的伟大的慈爱与慰安……

③我是在汉水边诞生的，我是听汉水的涛声、水声、纤夫的号子声长大的。汉水是长江最大的一条支流。我曾无数次站在江岸，凭水而立，默默地看大江流向大海的风景，默默地倾听葬在水下的音乐，默默地理会浮出水面的灵魂。后来，我便含泪沿河出走；之后几十年在大漠塞外，我的爱就像故乡的河流，广阔而丰富。每每回到故乡的大河岸畔，我就能重温流逝在那里的苦难与幸福，重温作为一个真正的人的信心和勇气。

④那年，我经三峡到达与大宁河接壤的古老的原始森林神农架，

曾驱车直达圣女故乡"昭君村"。昭君村白墙黑瓦的民舍点点滴滴，星星般坠落在一面青山的半壁，炊烟在白墙黑瓦的屋顶或静悄悄地团卧，或袅袅娜娜地上升。一座藏传佛教建筑风格的"昭君祠"屹立在半山民舍之间，一座高达十米的王昭君汉白玉雕像临山而立。我曾围着雕像转了一圈又一圈，一圈又一圈地想这纤纤鄂西女子以何样的傲骨，蔑视摒弃了皇宫深院的凄凉与小人的奸佞妄为，毅然选择了6000里外的大漠异邦，选择了命运？这幽深了、美丽了2000年的佳话源于香溪，源于大河啊！

⑤我告诉同我一样未睡、一样围着汗腥味毛毯的一对青年男女："到香溪去看真正的大河神女吧。"我还说，我是在香溪的吊楼里听香溪水听懂了一位鄂西女子的魂魄的。那男的望着我，纯净的眼神里潜藏着一份忧伤，他说："我也常听水声，我是在江边听水声听懂屈原的《离骚》的……"那女的靠着那男的肩头，不作声。半晌，她突然很认真地问我："你在大宁河听懂了那悬棺和栈道吗？"

⑥在风景绮丽的大宁河流域，有着迄今未能诠释的悬棺之谜和栈道之谜。大宁河畔，岩棺处处可见。导游小姐说，从龙门峡到巫溪宁厂古镇，共有6800孔。近年有人考察，除宁厂以下的100多公里外，北上的各条支流都有类似的栈道孔，东接鄂西北竹溪县，北连陕西镇平县，西到重庆城口县，形成了长达数千里的古栈道网。

⑦筑于这悬崖峭壁上如此规模宏大的工程始于何年？怎样施工？做何用？谁能注释这古老的谜底？想着这些，我就仿佛听见先人们凿石的敲击声，听到一种命运的呻吟抑或是呐喊。抬头仰望临江悬崖上的棺穴，我不禁肃然起敬：他们活着时，在这大河之畔、崇山之中为生存而奋斗着；死了，他们希望灵魂依然在这凭江的岩

顶，谛听涛声和水声，抑或是眺望儿孙们从这座山翻越到那座山，从这条江走向那条江……

⑧想到这些，我对那年轻女子说："他们的灵魂不忍离去，大约也是想凭江谛听水声吧？水声里有他们儿孙的命运……"

⑨不知我的话触动了什么，那女子别过脸去，好一阵黯然。

⑩是的，无论怎样，我是无法忘却那悬崖、石孔、栈道和远古棺穴给予我的战栗。我想，既然我们是踏着同一块祖先相传的土地，我们就总是与我们祖先那些崇高的努力相关，我们就该珍视人类今天为改变命运所作出的一切努力，我们祖先的奋斗和我们现在的奋斗是连在一起的……

⑪现在，三峡大坝已经截流，祖先们创造的千年文化随之葬入江底。我的心中倏忽升起阵阵莫名的失落与悲怆。转而又想，人类文明的进程无不是一代又一代人用发现、创造、否定、肯定、牺牲、奉献等重重叠叠的脚印踏出的一条长路，路上的困惑与迷惘、悲怆与眼泪、成功与失败、奋求与辉煌都是文明相系相携的链环，这链环最终搀扶着人类走向新的生存维系。

⑫无论怎么想，有一个情结总是挥之不去："高峡出平湖"之后，那些千年古栈道连同千年古城已经沉入江底，而那原本在崖顶的悬棺是否离我们更近？抑或已漂浮在水面？再去三峡，我还能听到怎样的水声……

（选自《并非永生的渴望》，有删节）

（河南省濮阳市吴坝乡中学 2022 年高三语文期末试题）

► **试 题**
·············

1.作者为什么把水比成"母亲的手"？请结合文章简要分析。
（4分）

_____

_____

2.文中写了去三峡途中遇到的一对青年男女，这在全文起什么
作用？请简要分析。（3分）

_____

_____

3."每每回到故乡的大河岸畔，我就能重温流逝在那里的苦难
与幸福，重温作为一个真正的人的信心和勇气。"联系全文看，水
给了我怎样的信心和勇气？（4分）

_____

_____

4.文章第十段说"我们就该珍视人类今天为改变命运所作出的
一切努力"，请结合文章简要分析作者这样说的原因。（3分）

_____

_____

5.下列对文章的赏析，不正确的是（　　）。（3分）

A.第二段写黑漆漆有些狰狞的两岸的山、凉飕飕水淋淋的江风、

孤独而凄婉的月光是为了反衬水声的从容慈祥。

B.第三段是写我与汉江间有血脉、文化、命运的关联，对哺育她的这条江怀着深情和自豪，在全文中起到承上启下的作用。

C.第四段对"昭君村""昭君祠"和王昭君雕像的描写很有讲究，主要是为了突出王昭君带来的藏传佛教对这里的影响。

D.全文不仅写对水声的怀念和理解，而且表达了对人生的种种领悟，对人类文明发展的思考和关注，主题宏大开阔。

6.从下列角度中任选一个，赏析文章。（6分）

（1）简析本文的语言艺术特色。

_____

_____

_____

（2）简析本文的结构特征。

_____

_____

_____

白发上津城

　　①小时候，就隐约听父亲说过湖北省郧西县有个"朝秦暮楚"的地方，可少小离家，光阴荏苒，岁月沧桑，再没问津。长大后才知人们已经把这个"古成语"作为对爱情不专一的贬损词。

　　②接郧西邹龙权电话时，我就问，郧西县是不是有个"朝秦暮楚"的地方？邹龙权说："有呀，上津就是。"

　　③我说："我去上津看看好吗？"邹龙权说："当然可以，我老家就是上津的。"

　　④没去上津时，只知"朝秦暮楚"是个成语，去了上津，才发现这是一个秦楚千年相依的古地！这不，我们去上津的车子停在了秦人聚集的陕南古漫川，漫川关镇的领导们把我们带到一片开阔场地，那里并排矗立着2000多年前秦楚两地人各建的古戏楼。秦人的戏楼简约、雄浑，楚人的戏楼精巧、华丽。真有点儿像一对秦楚相好，在这里牵手百年。

　　⑤苍莽秦岭，不仅是中国南北气候的分界线，也是秦楚两种不同文化的揖别地。

　　⑥我们在漫川古镇穿街走巷。我问郧西县的朋友，为什么在陕西地界停下？朋友说，这里离上津只有十几分钟的路程。来上津参

观的人，必领到漫川，去漫川参观的人必领来上津，这已成惯例。啊，秦楚不再战争！啊，鄂陕息息相依！

⑦走进上津，才知上津这个有着 1800 岁的古城是多么的老，老得白发千丈！老得只想让人跪地揖手仰凝。走进上津，才知道蜗居在秦岭深处的楚塞秦关在中国历史上是怎样地举足轻重！如果从建安二十四年（公元 219 年）曹丕在这里建平阳县算起，1800 年里，上津曾 14 次设县、6 次设郡、2 次设州，历史太垂顾汉江边这块弹丸之地了！

⑧上津北枕秦岭，南临汉水，金钱河穿城飘逸而过。这里自古就是兵来将去、战马鸣嘶的军事重镇，也同时是一个舟楫穿梭、商贾云集的商贸荣城。三国时，曹操部将就在此扼守中原关口，南宋年间，岳飞和金兀术部将在这里杀声震天，元初忽必烈把这里设为囤粮基地。六千里迢迢的金元蒙古人，居然占领上津前后达 80 年之久！以至于后来的李自成、王聪儿、新四军……上津饱经战争创伤。

⑨唐代杜牧有诗："长安回望绣成堆，山顶千门次第开。一骑红尘妃子笑，无人知是荔枝来。"上津人知道，当年给杨贵妃送荔枝的船就是在他们那里起岸，然后由骑士打马飞奔，送入长安宫的。也由此，唐玄宗派八品令官把守上津驿站。

⑩上津人还说，长安是十三朝古都，历朝历代从江南选送美女进皇宫的船队，经长江、汉水数月的水上劳顿到达上津之后，已人困马乏，纷纷上岸休息，之后转陆路穿秦岭到长安。而无数江南女子上岸后乘机进入上津、郧西民间，千年的美女逃遁，使郧西一代

一代女子都天生丽质。鄂西北自古至今都流传着一句谚语："要吃好米到竹溪，要娶媳妇到郧西。"应该是对这一历史现象的注释。

⑪上津古城长宽仅二三百米，周长也仅 1200 余米，不足诞生我的郧阳古城的三分之一，但它东西南北四边城门上的鎏金大字"连郧""通汉""达楚""接秦"，已足以显示它通连四海的属性。

走在似乎有些固若金汤的城墙上面，凝望城下黑瓦土墙、飞檐斗角的老街，心中倏忽一颤：这是鄂西北最后一座古城了，也是中国最后四座保留完好的古城之一了！千年的郧阳府城、铁打的均州古城都已在南水北调工程中沉没了。保护好上津古城吧，权当是为中国千年的文化留下一瞥最后的回眸。

⑫前些时，收到上津 26 岁的镇长陈林的电子信件，他在信中写道："……还记得我吗？郧西县上津镇的那个小陈镇长，在你眼里或许我还是一个'伢'。你们是我所见到的最好的作家，温文尔雅、学识广博，敬意油然而生。我必须得感谢你们来上津，这是上津人民的荣幸，更是我的荣幸……"他告诉我他又有了作家梦，说这梦是见到我们之后才有的。

⑬我立即给"伢"回信："……我和我们一行真的不能忘记上津，不能忘记很年轻的小陈镇长——请恕我不称呼你'陈镇长'，我怕把你叫老了！我很惊讶古老得如白须仙翁般的上津，有你这样一位童颜稚子坐镇！也许正是这一老一小，才真正是上津的生命所在。"

（选自《人民日报》，有删改）

（湖北省孝感市南区 2014 年高考语文试题）

▶ **试　题**
....

1. 下列对文章有关内容的分析和概括，最不恰当的两项是（　）
（　）。（5分）

A. 文章开头巧妙地用成语引出要写的上津古城，意在让人们在对上津古城的了解中消除对这个词作为"对爱情不专一的贬损"意思的误解。

B. 作者对比描写了去上津车停古漫川见到的秦楚两地人各建的古戏楼，借此突出秦楚两种不同风格的文化，并表明秦楚两地是千年相依、百年牵手的古地。

C. 作者用"老得白发千丈"形容有1800年历史的上津古城，既显现了这座历史古城的沧桑和衰老，也表达了作者对这座历史古城的无比景仰之情。

D. 作者引用杜牧诗句并讲述鄂西北谚语来由，既欲揭露封建统治者生活的腐朽荒淫，又表明上津这座古城在连接秦楚交通地位上的重要作用。

E. 作者无意具体描写上津古城的景物，却展示了它东西南北四边城门的"连郧""通汉""达楚""接秦"四组鎏金大字，显示它通连四海的作用，与杜牧诗句和鄂西民谚的表现作用构成了呼应之势。

2. 作者是怎样围绕"白发上津城"中的"白发"二字来写上津城的？作者着墨上津的"白发"为什么先写在漫川时见到的秦楚两

地人各建的古楼戏？（6分）

_____

_____

3. 作者走在上津城的城墙上，凝望城下时"心中倏忽一颤"。这"一颤"表现了作者怎样的内心世界？作者又是以什么写法来呈现这种内心世界的？（6分）

_____

_____

4. 结尾作者在给上津镇26岁的镇长的信中说："我很惊讶古老得如白须仙翁般的上津，有你这样一位童颜稚子坐镇！也许正是这一老一小，才真正是上津的生命所在。"回信内容耐人寻味。请结合文中内容，对回信文字所含的意蕴作出探究。（8分）

_____

_____

_____

风中的芦苇

①我无法说清我何以如此挚爱芦苇！

②我一直想，我这一生，总会和芦苇不期而遇。在深秋白茫茫的芦苇荡里，和着盛开的芦花留下我的身影，哪怕从此我随风而去……我这样如痴如醉地想了许多年，想得有些莫名，有些怪异。我知道这是我生命中的一道信息，但我不知道它的由来。我生长在南方没有芦苇的汉水之滨。

③许多年后的 8 月，朋友约我去南大港湿地，他们告诉我说，湿地里的芦苇浩浩荡荡。"湿地"之说是近两年的事情，它是大地的最宝贵的一个器官，如人的肝、胃、肺叶、心脏什么的，它叫"地球之肾"。它的重要已是很明显的了，但我知道，此去南大港，我心醉神往的是芦苇。

④地处渤海湾里的南大港，俗称大洼，属传说中林冲发配的荒凉之地沧州。千万年里，海水在这里涨了退了，汹涌了平静了，留下了茫茫无垠的盐碱滩，芦苇在盐碱滩、在沼泽泥泞的大洼开始了千万年地生长，寂寥而沉静。8 月的芦苇是盐碱地绝妙的幻想，那绿色让人恍入梦境。于是我看到，满目的芦苇一泻千里，它们从地平线的天际处漫过来，是一种没有边际的逶迤。我知道，地平线之外是渤海。海风吹过来，湿地掀起了芦苇的大涛，这时，我离海还

有一段路程，但我已经听到了属于海的呼啸，还有一种属于海的力量，有些雷霆万钧。稍刻，海风过去，80平方公里，涌起了芦苇绿色的涟漪，涟漪抚弄衣裙，仿佛是一种温柔的牵携，这时，我肯定还听到了生命拔节的声音和絮语。大自然成长的声音从芦苇荡里传出来，轻盈的唰唰声，唰唰唰唰……声音在风中荡漾，有一种启示般的感动。

⑤很难想象，很难想象这一片盐碱地里有如此挡不住的生机。

⑥在芦苇荡里，我遇见了华北。20世纪50年代末，中国人都在忍受饥馑，于是，一群拓荒者走进了大洼，他们在这里开垦了几十万亩稻地，建造了一处北方粮仓——南大港农场。拓荒者中走着一个9岁的男孩，他随父母兄妹一起从遥远的川南走来，蜀道迢迢，几千里南方北方，小男孩和父辈一起背负着历史的原罪……

⑦似这芦苇，岁岁枯荣；如这潮汐，月涨月退。40多年走过，小男孩把失望与希望、困苦与挣脱、爱与孤独以及全部的生命都交给了大洼，小男孩一生没走出芦苇。回过头一想，这一切，最初和最终似乎都是与生俱来，都是为了不辜负父亲赐予的那个名字——华北。

⑧此刻，华北和我们一起站在8月的芦苇荡里。

⑨"大洼连续7年干旱。我来大洼42年了，第一次看到大洼干得滴水全无……"华北有些忧郁。

⑩许多年里，中国人到处在填海造田、围湖垦地，原本60万亩铺天盖地的芦苇荡，只幸存下五分之一。后来，大洼发现了石油，于是大洼不允许再蓄水了。上游的河流也被截断了，大洼连年干旱。大洼的油田在贡献石油富庶的同时，也在丢失着千年万年的绿色和

静美。"保护湿地"仅是大洼人近几年刚刚获得的信息，那是人类文明生存的智慧。为了幸存的芦苇，为了芦苇里千千万万迁徙的鸟儿，千千万万的鱼，以及千千万万在芦苇里栖息的蛙、蟾蜍、狐狸——人们说它们有的已成了精——大洼人开始从黄河给湿地买水，一年一千万方、两千万方地买。今年，没有钱买水，大洼干涸了。

⑪干涸的大洼今年闹蝗灾，蝗虫飞来时，天空顿时一片昏黑，邪魔穿过一般。苇地里1平方米就有6000多只蝗虫，一脚踩下去，能踩死200多只！蝗虫几天之内可把芦苇连叶带杆全部啃尽，大地顿时寸草不生。飞机开始撒药灭蝗。后来人们看到，无边无际的芦苇地里铺满了蝗虫的尸体！为了消灭彻底，大洼人如祖先那样，开始点火烧蝗。于是，十几万亩的芦苇荡燃起了冲天大火，几天几夜。百里外的沧州市民也看到了大洼人烧蝗的滚滚烟云。

⑫蒙昧在接受大罚。

⑬然而眼下，大火劫后的芦苇在依然干涸的大洼又生成了连天的葱郁。这让人想到上苍对苦难的赐予，命运不会就此倒伏。

⑭想象亿万条魔虫"沙沙沙沙"啃咬之后的复生，想象冲天大火焚烧之后丝毫也不怯弱的生长，我倏忽感到，眼前的绿色已不是一种植物，每一棵芦苇都该是一种精神。生命的高贵与尊严是邪恶绝对娼淫不了的，万劫不死的精神是凌翔天空的大鸟！

⑮深秋来大洼吧，那时芦苇就开花了，华北说。

（节选自《中华散文》2005 年 12 月）

（**山东省威海市 2020 年高考二模**）

▶ 试 题

1.下列对文章思想内容的分析与概括，不正确的一项是（　）。（3分）

A.文章围绕"我"和朋友到湿地看芦苇的经历，追述了大洼的发展历程，进而反思人类与自然的关系。

B.湿地的前身为盐碱地，却孕育出生机勃勃的芦苇，这既表达了作者的震撼，又体现了盐碱地的生态价值。

C."原罪"一词本意为人类诞生时所犯的原始罪过，作者借用此说表达对20世纪50年代末拓荒行为的复杂心理。

D."蒙昧在接受大罚"具体是指人类利用古法烧蝗的野蛮做法，造成了十几万亩芦苇荡被毁的巨大损失。

2.下列对文章艺术特点的理解与鉴赏，不正确的一项是（　）。（3分）

A."我生长在南方没有芦苇的汉水之滨"，照应前文"我"对芦苇荡的遐想，补充说明"我无法说清"的缘由。

B.文中画线处运用比喻、拟人等手法，从形、声、色等方面描摹芦苇荡，旨在表现我国芦苇荡形如女子的柔美之态。

C."我"并未亲眼看见大洼闹蝗灾的情形，但几组数字对比绘成的画面，使这一情景真实可见，令人惊心动魄。

D."深秋来大洼吧，那时芦苇就开花了"结尾以华北的话描画未来湿地的美好图景，带给读者无限的想象空间。

3.华北这一人物在文中有什么作用？请简要分析。（4分）

_____

_____

_____

4.法国哲学家帕斯卡尔曾在《人是根会思考的芦苇》中说"人只不过是一根芦苇，但他是一根能思想的芦苇"，本文作者说"每一棵芦苇都该是一种精神"。这两处的"芦苇"有何异同，请简要分析。（6分）

_____

_____

_____

古树深情

①今年，初春三月，大地乍暖还寒，朋友川儿约我去河南淅川看古树。这是怎样一片擎天立地、沧桑壮烈的生命啊……

②全部被截去蓬勃枝丫的1002棵老树齐刷刷地挺立在黄土地上，苍凉而庄严。它们如白发稀疏的老者，高举双臂昂然向天，似呐喊似悲泣，似告别似接迎；它们也如饱经风霜的父亲母亲，伫立在黄土地上，默默地凝视着远方，是在遥望永别的故乡，还是在等待一个殷切的回归？它们更如沉默无言的圣者，在广袤的苍穹下以庄严的气势和难以言说的神韵，向世间昭示着一部无字的历史和亘古的人类命运。

③每当我靠近或仰望一个苍老、神圣的生命，我都禁不住屏住了呼吸……

④瞧，那棵千年古柳，树身的空洞能钻进一个人；那棵生长了1200年的黄连，主干上伸出的七根硕大无比的枝干，神祇般苍然向天；那棵700年大叶女贞，依然绿叶苍郁；那棵千年银杏，盘根虬曲，遒劲挺立；还有那棵世间的稀世珍宝乌龙木，还有那两棵同样珍贵的红豆杉……80多个品种的古树从100多个即将沉没的村庄抢救而来。

⑤"抢救"在这里彰显出怎样的功德和胸襟？！

⑥李爱武来了。

⑦这是一个从无数的艰难困苦中打拼出来的创业者。这个勇敢的创业者，如今，又勇敢地将几十年艰辛劳作而赚取的资产几乎全部投进了古树园：1000多棵古树、未来五年要陆续投入的移民文化广场、移民纪念碑、仿古一条街、禅院……李爱武不是大富豪，近亿元的投资用川儿的话说——"押进了身家性命"。这个中年男子没有豪言壮语，他说，"我只是想为父老乡亲们建个回家看看的园子。我这一生若建不起来，我儿子接着建，儿子建不完孙子接着建……"

⑧漫步在四月古树抽芽长叶的季节，李爱武讲述着每一棵古树的故事，他如数家珍……

⑨移植那棵千年银杏树时，切割下的树枝树叶，原以为村民们会拿回家当柴烧，谁知村民们一枝一叶都不动。<u>他们说，银杏树是村子的神。</u>一位老奶奶走过来抚摸着倒下的树身，泪流满面。她哭着说："你们一定要把它栽活啊！千万不能让它死了啊……"

⑩去年春天，这棵银杏树长得不精神，李爱武担心得寝食难安。他天天在园子里转，有时搭个梯子爬到高处看出了新叶没有；有时拿个放大镜看，发现个芝麻粒大的小芽芽都欣喜若狂；他常常不吃不睡，端杯茶在园子里一转就是大半天……

⑪李爱武说，他们每移一棵古树，都要先敬香、放鞭、叩拜，然后对古树说："古树呀，这里要给京津等地调水，马上要被淹了，移民们都走了，现在我把你移到城里去住，那里淹不着……"说完话才开始动手移植。

⑫他们像呵护神灵，又像呵护老母亲。

⑬他的一句句，让我感动不已；接下来的一幕幕，更是让人热

泪盈眶。

⑭清晨，迎着四月的清风，我再次走进古树园，只见满园张灯结彩，锣鼓喧天。700多名回家的淅川移民汇聚到了古树园。他们有从青海省贵南县和湖北省大柴湖赶来的，有从河南省几百个移民安置点被接回来的。李爱武从南阳找来了最好的音响，从淅川请来了移民们最爱看的曲剧。戏台就搭在了古树园，台后是巍峨青翠的大南山，台前是千棵苍劲的古树园，《父老乡亲》的歌声响彻青山树园，也萦绕在静静观看演出的数百位移民的心中。

⑮为了让京津冀豫四省市人民喝上甘甜纯净的汉江水，国家实施了南水北调工程。自1959年至2011年，淅川县先后两次向青海、湖北及省内移民37万多人。在长达50多年的岁月里，他们经历了太多的艰辛，太多的苦难。

⑯现在，他们中有的人回来了，回到了古树园。他们一进园就转个不停，急切地寻找儿时村庄的那棵大树。每每找到自己村庄的树，就即刻喊来同村的人，或给古树培土，或全家、全村人站在树前留影。他们给古树鞠躬、磕头，他们在古树前长跪不起……

⑰正午，李爱武在古树园里摆上饭菜，700多名移民围着自己村庄的老树，大块吃肉，大碗喝酒……

⑱这难道不是世间最动人的风景？这难道不是人类最大的爱心？这难道不是我们这个时代最美的创举？

⑲我突然明白了什么叫作"故土难离"，什么叫作"金窝银窝，不如自家的草窝"。村民一个个被移走了，但村民的心并没有移走，依然深深扎在那在熟悉的乡土里，附着在村庄的一草一木上，是那样的固执、虔诚而又深情。

⑳淅川古树园，一段聚合的岁月，一曲缩写的命运，一处精神的家园。它将与移民同在，与大地同在，与天下善和爱同在。

（选自《人民日报》2013年5月22日24版，有删改）

（四川省绵阳市2015年高二期中考试）

▶**试 题**

1. 下列对文章有关内容的分析和概括，不正确的两项是（　　）（　　）。（3分）

A.本文叙述李爱武从南水北调工程淹没区抢救古树的义举，主要目的在于抒发他对古树的一片深情，赞扬他的勇敢、无私和大爱，表达作者对他的敬重之情。

B.本文首先描写古树苍凉庄严的特点，引出李爱武抢救古树、建古树园的义举，接着描写移民在古树园祭拜的动人场景，由树及人，卒章显志，层次清晰。

C.文中的"古树"是移民的根，"古树园"是移民寄托情感的家园，因此移民不远千里回到古树园寻根祭祖，借由这些古树慰藉自己永别故土的疼痛和思念。

D.第⑯段写了移民回到古树园给古树培土、磕头、长跪不起等内容，既展示了古树与移民之间亲密深厚的关系，又表达出移民离开故土家园后的浓浓乡情。

E.本文语言既生动形象，如"瞧，那棵千年古柳……还有那两棵同样珍贵的红豆杉"，又极富抒情性，如"淅川古树园，一段聚合的岁月……一处精神的家园"。

2.试从技巧的角度赏析第②段中划线的句子。（4分）

_____

_____

_____

3.按照要求回答问题。（4分）

（1）第⑨段划线句"他们说，银杏树是村子的神"有什么深刻含义？（2分）

_____

_____

_____

（2）第⑬段在结构上有什么作用？（2分）

_____

_____

_____

4.读了这篇有关"移民"的文章，联系现实，探究搞好移民安置工作最关键的措施应该是什么，并简要阐述。（4分）

_____

_____

_____

试卷作家
美文赏练

跋涉者

🌸 **心灵寄语**

　　人生，是一场跋涉，每个人都在路上。怀抱希望、抹去泪水，艰难而不屈的前行，金光灿烂的晨曦就在前方……

　　一片干裂的沙源，爆着沙沙的响声，拍浪般向无涯的天际涌去。沙源上空蒸腾着游丝般的热浪，在烈焰下闪闪烁烁。天边，一片瑰丽的晨曦，圣光般金碧辉煌。一峰骆驼，高昂着不屈的头颅，雄悍的足蹄踏着烈焰般的沙浪，向天涯处那方神奇的光明走去。身后，一串深深的足迹……

　　从中国西部格尔木归来，便请朋友为我作了这幅油画——《跋涉者》。每当看着这幅油画，我就依稀看到从辽阔的塞北高原走来一个人，一个被截去了双臂的 20 岁的生命，顽强地驾驶着命运之舟，在沙漠和大风雕塑的人生之路上，艰难而不屈的前行。他努力用内心的意志和力量，用劳动和创造去开掘崭新而凝重的生命主题。

　　他，就是断臂学生——郑成军！

　　塞外田野里大人们正在打井机。不知谁违规将一个 380 伏特的变压器横卧在公路边，6岁的小成军从旁边走过，一团闪耀的电火花闪过之后，他已被击昏在地。母亲昏厥了，父亲心碎了，抱着伤残的小生命四处求医。最终，小成军的两只胳膊从肘关节处全部被截掉，顷刻间，这幼小的生命残酷成一首痛苦的诗！

两个月后，小成军从病床上走下来。

"爸，妈，我没有了胳膊，还有腿，有眼……你们别哭。"小成军说。爸妈别过脸去，泪水奔涌而出。

首先要解决吃饭问题。妈妈将小勺绑在小成军的断臂上，但断臂不能拐弯，勺送不到嘴边；用两只断臂夹住勺，还是喂不到嘴边；索性不再用勺筷，妈妈把饭盛到浅盘里，放到桌边，小成军直接舔着吃。从此，小小的孩子每天就像小狗、小猫一样舔食。爸妈有时心疼，就想喂小成军吃，但小成军说："我要长大，你们不能总喂我呀！"

失去双臂两年后，小成军要求上学。怎么写字呢？

爸妈先是将铅笔绑在断臂上，不行；用两只断臂夹住铅笔写，万分吃力，还是不行；于是，小成军就用嘴、用牙咬着笔写。谁知他咬断了几十、几百只铅笔、钢笔？久而久之，牙龈化脓了，牙床肿了，牙痛得什么也不能咬，满嘴血泡，不能喝水，不能吃饭，不能进任何有咸味的东西。多少次，妈妈和同学们看见，小成军一边叼着笔写字，一边疼得大滴大滴地流眼泪。嘴唇磨破后渗出的血混着眼泪流到作业本上，流到课桌上。小成军一边用空袖管擦着血和泪，一边不停地写，算，答卷，完成作业。妈妈和同学们也常常难过心疼得落泪。

"军军，你以后不要写字，作业可以不做，妈妈教你的字，你会认就行……"做小学老师的妈妈说。

"不，我要写……"小成军哭着说。

经过四年炼狱般的苦痛，到小学四年级，小成军已能叼着笔写出一页又一页工整的汉字，做出一道又一道排列整齐的数学题了。

小学毕业，郑成军以优异成绩考入初中。

15 岁、16 岁、17 岁的生命开始更多地思考未来。

生活必须能够自理。他开始背着家里人练习洗衣服，断臂缝合处因揉搓而鲜血渗出；他练习自己穿袜子，扣衣扣：他把扣子和扣眼一起用嘴叼起来，然后，牙、舌、唇一起动作，把衣服扣起来；他练习解、系裤带，练习叠衣、被，练习刨地……他顽强地练习着生活中的一切，他不想给任何人添麻烦。他立志要给所有的人"信心百倍"的感觉。

初中毕业时，他又以优异成绩被录取到河北省重点中学——张家口市第一中学。高中时，他的数学学得尤其好，每次考试都在 90 分以上，所有数理化和文科答卷他都是和全班同学一起在规定时间里答完、交卷；他极爱踢足球，他的体育成绩很好。失去双臂的摆动，他的 100 米短跑成绩可以达标，立定跳远可以得 100 分，滚式越杆跳高可过 1.32 米。他被选拔参加河北省残疾人运动会……

我在张家口市第一中学见到了郑成军。

我翻阅了他的物理、数学笔记，还有语文、英语课本，那一摞摞笔记和课本的书眉或空白处，书写着整齐的、密密麻麻的蝇头小字，那繁杂冗长的数学计算，那规范的几何、物理图形……这一切，郑成军都是用嘴叼着笔写下的啊！他用足够的力量和信心面对命运对他的打击。我惊叹一个断臂的孩子，世界上原本有许多东西已不属于他，但他竟能以健全人难以体悟的坚韧和顽强去拼搏，获取难以获取的成绩，这是一个怎样的生命啊！

从初中到高中，他已四次获得张家口市三好学生，1990年，河北省教委授予他省级三好学生和"燕赵小英雄"称号。

在郑成军家里，我看到墙上那些花花绿绿的各种奖状，眼前突然幻化出朋友为我做的那幅油画《跋涉者》——昂首前行的沙漠骆驼，烈阳下蜷曲的骆驼蓬草，远处，金光灿烂的晨曦……

精彩赏析

"干裂的沙源""游丝般的热浪""圣光般的晨曦""昂首前行的骆驼"，作者通过细致的描述，将油画《跋涉者》形象生动地展现在读者面前，将读者的情感调动起来，而后自然地过渡到本文的主人公——断臂学生郑成军的故事中。读者跟随作者的描述，仿佛亲眼见证了6岁的小成军从意外失去双臂，到之后学习吃饭、写字的艰辛；然后看着他以优异成绩考入初中、高中，期间学习生活自理，继续热爱运动。这样鲜活、有生命力的形象，随着文字进入读者内心，不禁使人心生感慨：人生，是一场跋涉。郑成军用自己的意志和力量，走出了崭新的辉煌人生。

童年旧事

🌸 **心灵寄语**

> 人生最美好的莫过于友谊，友谊最深厚的眷恋莫过于童年的相知。漫漫人生路，所遇之人，能留下眷恋的，弥足珍贵。

在人生的路上，不知要遇到多少人，然而，最终能留下记忆的并不太多，能够常常眷念的就更少了。

这次回鄂西老家，总想着找一找阿三。阿三是我小学高年级的同学。记得有一个学期，班主任分配阿三和我坐一起，老师说让我帮助阿三学习。阿三很用功，但学习一般。他很守纪律，上课总是把胳膊背在身后，胸脯挺得高高的，坐得十分地端正，一节课也不动一动。

阿三有个毛病，即年年冬天冻手。每当看到他肿得像馒头一样厚的手背、紫红的皮肤里流着黄色的冻疮水时，我就难过得很。有时不敢看，一看，心里就酸酸地疼，好像冻疮长在我的手背上似的。

"你怎么不戴手套？"上早读时，我问阿三。

"我妈没有空给我做，我们铺子里的生意很忙……"阿三用很低的声音回答。阿三说话的声音很好听，带着女孩子般的腼腆和

28

温存。

知道这个情况后，我曾几次萌动着一个想法："我给阿三织一双手套。"我们那时的十二三岁的女孩子，都会搞点很简陋粗糙的针织。找几根细一些的铁丝，在砖头上磨一磨针尖，或者捡一块随手可拾的竹片，做四根竹签，用碎碗碴把竹签刮得光光的，这便是毛衣针了。然后，从家里找一些穿破了后跟的长筒线袜套（我们那时，还不知道世界上有尼龙袜子！），把线袜套拆成线团，就可以织笔套、手套什么的。为了不妨碍写字，我们常常织那种没有手指、只有手掌的半截手套。那实在是一种很简陋很不好看的手套。但大家都戴这种手套，谁也不嫌难看了。

我想给阿三织一双这样的手套，有时想得很强烈。但却始终未敢。鬼晓得，我们那时都很小，十二三岁的孩子，却都有了"男女有别"的强烈的心理。这种心理使男女同学之间界线划得很清，彼此不敢大大方方地往来。

记得班里有个男生，威望很高，俨然是班里男同学中的"王"。"王"很有势力，大凡男生都听"王"的指挥。一下课，只要"王"号召一声干什么，便会有许多人前呼后拥地跟着去干；只要"王"说一声不跟谁玩了，就会"哗啦"一大片人不跟这个同学说话了。"王"和他的将领们常常给不服从他们意志的男生和女生起外号，很难听、很伤人心的外号。下课或放学后，他们要么拉着"一、二"的拍子，合起伙来齐声喊某一个同学家长的名字（当然这个家长总是在政治上出了什么"问题"，名声已很不好）；要么就冲着一个男生喊某一个女生的名字；或冲着一个女生喊某一个男生的名字。这是最糟糕最伤心的事情，因为让他们这么一喊，大家就都知道某男生和某女生"好了"。让大家知道"好了"，是很见不得人的事情。

这样的恶作剧常常使我很害怕，害怕"王"和他的"将领"们。有时怕到了极点，以至恐惧到夜里常常做噩梦。好像从那时起，我就变成了一个谨小慎微的可怜虫。因此，我也暗暗仇恨"王"们一伙，下决心将来长大后，走得远远的，一辈子不再见他们！

阿三常和"王"们在一起玩，但却从来没见他伤害过什么人。"王"们有时对阿三好，有时好像也很长时间不跟他说话，那一定是"王"们的世界发生了什么矛盾，我想。我总也没搞清阿三到底是不是"王"领导下的"公民"，可我真希望阿三不属于"王"们的世界。

在上小学五年级的时候，我的家里突遭变故。大字报、漫画，还有划"X"的爸爸的名字在学校内外，满世界地贴着。爸爸的样子让人画得很丑，四肢很发达，头很小，有的还长着一条很长很粗的毛茸茸的尾巴……乍一看到这些，我差点晕了过去。学校离我家很近，"王"们常来看大字报、漫画。看完，走到我家门口时，总要合起伙来，扯起喉咙喊我父亲的名字。他们是喊给我听，喊完就跑。大概他们以为这是最痛快的事情，可我却难过死了。一听见"王"们的喊声，我就吓得发晕，本来是要开门出来的，一下子就吓得藏在门后，半天不敢动弹，生怕"王"们看见我。等他们扬长而去之后，我就每每哭着不敢上学，母亲劝我哄我，但到了学校门口，我还是不敢进去，总要躲在校门外什么犄角旮旯儿或树荫下，直到听见上课的预备铃声，才赶忙跑进教室。一上课，有老师在，"王"们就不敢喊我爸爸的名字了，我总是这样想。

那时，我怕"王"们就像耗子怕猫！现在想起来，还心有余悸，也很伤心。

"我没喊过你爸爸的名字……"有一次，阿三轻轻地对我说。也不知是他见我受了侮辱常常一个人偷着哭，还是他感到这样欺负人不好，反正他向我这样表白了。记得听见阿三这句话后，我哭得很厉害，嗓子里像堵着一大团棉花，一个早自习都没上成。阿三那个早读也没有大声地背书，只是把书本来回地翻转着，样子也怪可怜。

其实，我心里也很清楚，阿三虽然和"王"们要好，但他的心眼善良，不愿欺负人。这是他那双明亮的、大大的单眼皮眼睛告诉我的。那双眼睛，望着你时很纯真，很友好，很平和，使你根本不用害怕他。记得那时，我只好望阿三的这双眼睛，而对其他男生，特别是"王"们，我根本不敢正视一次。

在很长很长的岁月里，阿三的这双眼睛始终留在我的心底，我甚至觉着，这双给过我同情的挺好看的眼睛一生也不会在我的心底熄灭……

阿三很会打球，是布球。就是用线绳把旧棉花套子紧紧缠成一个圆团，缠成西瓜大、碗大、皮球大，随自己的意。缠好后再在外面套一截旧线袜套，把破口处缝好，就是球了。那个年代的鄂西城小学里，学生们都是玩这种球，缠布球也几乎成风。阿三的布球缠得很圆，也很瓷实。阿三投球的命中率也相当高，几乎是百发百中。阿三在球队里是五号，五号意味着球打得最好，五号一般都是球队长。女生们爱玩球的极少，我们班只有两个，我是其中之一。

记得阿三在每每随便分班打布球时，总是要上我，算他一边的。那时，男女混合打球玩，是常有的事。即便是下课后随便在场上投篮，阿三也时而把抢着的球扔给站在操场边的可怜巴巴的我。后来，我的篮球打得很不错，以至到了初中、高中、大学竟历任了校队队长或队员。那时我就常常想，会打篮球得多谢阿三。

然而，阿三这种善良、友好的举动在当时是需要勇气的，也是要冒风险的。因为这样做，注定要遭到"王"们的嘲笑和讽刺的。

这样的不幸终于发生了。不知在哪一天，也不知是为了什么，"王"们突然冲着我喊起阿三的名字了，喊得很凶。他们使劲冲我一喊，我就觉得天一下子塌了，心一下子碎了，眼一下子黑了，头一下子炸了……

有几次，我也看见他们冲着阿三喊我的名字。阿三一声不吭，紧紧地闭着双唇，脸涨得通红。看见阿三难堪的样子，我心里就很难过，觉得对不起他。

从那以后，我就再也不想给阿三织手套的事了；阿三打布球，我再也不敢去了；上早读，我们谁也不再悄悄说话了；我们谁也不再理谁，好像恼了！但到了冬天，再看见阿三肿得黑紫黑紫的像馒头一样厚的手背时，我就觉得我欠了阿三许多许多，永远都不会再给他了……

阿三的家在"王一茂酱菜铺"的对面。我不知他家开什么铺子，只记得每次到"王一茂酱菜铺"买辣酱时，我总要往阿三家的铺子里看。只见门口的台阶上下，摆着许多的竹筐、竹篓、竹篮子，还有女人们用的黄草纸，漆着黑漆的粗糙的柜台上，圆口玻璃瓶里装着滚满白砂糖的橘子瓣糖，也有包着玻璃纸、安着竹棍像拨浪鼓似的棒棒糖……其实，在别的铺子也能买辣酱的，但我总愿意跑得老远，去"王一茂酱菜铺"买。也说不清为什么，只是想，阿三从铺子里走出来就好了。其实，即使阿三真的从铺子里走出来，我也不会去和他说话的。但我希望他走出来……

有一次，我又去买辣酱，阿三真的从铺子里走出来了，而且看见了我。知道阿三看见我后，我突然又感到害怕起来。这时，只见阿三沿着青石板铺就的小街，向我走来。

"他们也在这条街上住，不要让他们看见你，要不，又要喊你爸爸的名字了……"说完，他"咚咚"地跑了回去。我知道，他说的"他们"，是指"王"们。

望着阿三跑进了铺子，我又想哭。我突然觉着，我再也不会忘记阿三了，阿三将来长大了，一定是世界上最好的男人！

后来，考上中学后，我就不知阿三在哪里了。是考上了，还是没考上。考上了在哪个班？我都不懂得去打听。成年后，常常为这件事后悔，做孩子的时候，怎么就不懂得珍惜友情？

中学念了半年以后，我就走得很远很远，到汉江下游去找我哥哥了，为求学，也为求生，因为父亲和母亲已被赶到很深很深的大山里去了。从此，我就再没有看见阿三，但阿三那双明亮的、充满善意的眼睛却常常出现在我的眼前和梦中。

人生不知怎么就过得这样匆匆忙忙，这样不知不觉，似乎还没弄清是怎么回事就走过了许许多多的年月。20 多年后的一天，我回故乡探望母亲，第一个想找的就是阿三。

出乎意料，我竟然很顺利地找到了那时的"王"。"王"很热情地接待了我，"王"有一个很漂亮年轻的妻子。这个年龄、这个时代见到"王"，我好一番"百感交集"。说起儿时的旧事，我不禁潸然泪下，"王"也黯然神伤。

"不提过去了，我们那时都小，不懂事……你父亲晚年很苦。""王"说得很真诚，很凄楚。是呀，几十年的风风雨雨，我们都长大了。儿时的恩也好，怨也好，现在想起来，都是可爱的事情，都让人留恋，让人怀念……

"王"很快地帮我找到了阿三以及儿时的两个同学。当"王"领着阿三来见我的时候，我竟十分地慌乱起来，大脑的荧光屏上不时地闪现着阿三那双明亮的单眼皮眼睛。当听到他们说笑着走进家门时，我企图努力辨认出阿三的声音，然而却办不到……

阿三最后一个走进家门，当我努力认出那就是阿三时，我的心突然一阵悲哀和失望——那不是我记忆中的阿三！那双明亮的单眼皮眼睛在哪儿？站在我面前的阿三，显得平静而淡漠，对于我的归来似乎是早已意料到的事情，并未显出多少惊喜和亲切。已经稍稍发胖的身躯和已经开始脱落的头发，使我的心痉挛般地抽动起来：岁月夺走了我儿时的阿三……

我突然感到很伤心，我们失去的太多了！人的一生有许多值得珍惜的东西，可当我们还没来得及去珍惜它时，一切都已成为过去，一切都不存在了……

阿三邀我去他家吃饭，"王"和儿时两位同学同去，我感到很高兴。我知道，这是阿三和"王"的心愿。很感谢我童年的朋友们为我安排这样美好的程式。我们这些人，一生中相见的机会太少了，这样的聚会将成为最美好的忆念。

阿三的妻子，比阿三大，也不漂亮。妻子是县里的"三八红旗手"，劳动模范。望着蹲在地上默默地刮着鱼鳞的阿三和跑里跑外为我们张罗佳肴的阿三的贤惠的妻子，我感到很安慰，但却又一阵凄恻：儿时的阿三再也不会归来了，这就是人生……

"……一九六九年我在北京当兵，听说你在那里念大学，我去找过你，但没找着。"

吃饭的时候，阿三对我说。这是我意想不到的事情，望着阿三，我便有万千的感激，阿三终没有忘记我！

"我提议，为我们的童年干杯！"我站了起来。

阿三和"王"，还有童年的好友都高高举起了酒杯。

这一瞬，大家似乎都有许多话要说，但却谁也没说什么。我不知这一颗颗沉默的心里是否和我一样在想：人生最美好的莫过于友谊，友谊最深厚的眷恋莫过于童年的相知……我突觉鼻尖发酸，真想哭。

临走，阿三开小车送我上车站（阿三在县政府为首长们开车）。

"很难过，我们都长大了……"真的没想到，临别时，阿三能讲出这样动情的话。然而，他的样子却很淡漠、很详静，甚至可以说毫无表情，只是眼望前方，静稳地打着方向盘。这种不动声色的样子使我很压抑，自找到阿三，我就总想和他说说小时候的事情，比如关于手套、布球或者"喊名字"的风波……然而，岁月里的阿三已长成一个沉静而冷凝的男子汉，成年的阿三不属于我的感情，我想。实在是没想到，临别，阿三却说了这句令我一生再不会忘记他的话。

感谢我圆如明月清如水的乡梦，梦中，童年的阿三向我走来……

精彩
——赏析——

　　作者用平朴的语言回忆了她在 13 岁时和一个名叫阿三的男同桌的友谊。在班中男生们以公开地冲作者呼喊她父亲的名字取乐的时候，唯有阿三悄悄地告诉她："我没有喊过你爸爸的名字。"这句话使作者产生了巨大的感激，甚至比友谊更浑厚。作者通过舒缓而忧伤的笔调，描述了对童年美好友谊的怀恋，对童年心酸往事的心有余悸，对少年阿三"黑黑亮亮的眼睛"的追寻以及那种近乎初恋般纯稚的感情。作者通过真情流露，带动读者的情绪，不免使人陷入对童年旧事的回忆中。

美丽的蔚州剪纸

🌸 **心灵寄语**

　　剪纸艺术以其独特的艺术魅力，以及承载的丰富文化信息，成为流传甚广的艺术形式。

　　蔚州剪纸，因其独特的艺术风格享誉国内外，它是中国的，也是世界的。关于这点，已成为不争的事实。可以说，蔚州剪纸挟带着许多极为重要的传统文化信息——世俗的和精神的，伦理的和哲学的，历史的和审美的—— 一路向我们走来。在漫长的近300年的历史长河中，最终形成一种独特的内涵丰富的文化象征，屹立于东方世界的艺术之林。在工业化、现代化急速到来、民间文化面临自生自灭和迅速涣散与消亡的时代，蔚州剪纸以其独特的魅力坚挺着，这是蔚州剪纸的光荣。

　　蔚州腊月所有的集市上，卖窗花、买窗花的人喧闹了五里长街，那是一个色彩和笑声的海洋。靠在木桌上或绑在自行车后座上的一排排窗花"亮子"（窗花艺人卖窗花时都制作一扇如窗户样的大木框，框里的木格格上糊着北方特有的白麻纸，白麻纸上贴着各种窗花样品，当地人叫"亮子"），在冬日的阳光下，分外灿烂妩媚，辛苦了一年的蔚州乡下人、城里人一起走向集市，他们在"亮子"间穿行，在摊位前挑选，无论生活怎样艰辛，他们在买窗花时，内心里总是幸福美丽的。

蔚州有十几个乡镇、成千上万的人都在刻窗花、染窗花，他们个个身怀绝技。然而，最喜气的莫过于看乡间女人们刻窗花。塞外的女人们祖祖辈辈都会刻窗花，染窗花，她们个个心灵手巧，老老少少都会摆弄手中那一把把小小的刻刀，一沓沓毫无生气的白宣纸，在她们手中几分钟后就被切割成一张张栩栩如生的花鸟走兽抑或是戏剧人物，然后，她们再用酒调色，小心翼翼点染，大红大绿永远是她们心中的亮色。蔚州腊月的乡间，那些大姑娘、小媳妇、老婆婆们盘着腿坐在火炕上，她们把一双脚严严实实地压在腚下，开始剪窗花准备过年。她们一边刻一边哼着温情而野性的"二人台"曲："过罢那个小年过大年，我请连才哥哥来吃饭。""你请哥，吃什么？""小白菜，蘸莜面……"她们嘴里哼着歌，手里飞动着各种刻刀。她们把内心的向往、倾慕、期待和祝福一心一意刻在一摞摞、一沓沓象征着"五谷丰登""六畜兴旺""福寿吉祥"的窗花上。她们刻窗花，有的只为自己用，有的拿到集市上卖。腊月的集市上，整条街都是卖窗花、买窗花的男人女人大人小孩。

蔚州剪纸在 20 世纪 50—60 年代，已经畅销世界 40 多个国家，也成为中国领导人馈赠国际友人和旅游业的独特珍品。蔚州剪纸因深深扎根于广阔的民间，又有一代又一代民间艺人的锲而不舍，最终得以生生不息并不断得到革新。

目前，蔚县剪纸已经发展到 12 个乡镇 16 个行政村 200 个专业户，有两万多民间剪纸艺人，每年生产 200 万套剪纸，农民仅此一项年人均收入就达 2 万元。"一方水土养一方人"，美丽的蔚州剪纸养育着塞外那方清贫而艺术的土地。

应该说，中国是一个剪纸大国，在各地的剪纸中，有单色剪纸、填色剪纸、衬色剪纸、铜凿剪纸；各类剪纸也都形成了自己的风格，比如延安剪纸的朴拙，江南剪纸的流畅，广东剪纸的金碧辉煌等等。蔚州剪纸在中国剪纸乃至世界剪纸行业中为什么能够独树一帜？这是由它的艺术特质所决定。蔚州剪纸不是用剪子剪，而是用刻刀刻。蔚州艺人一般都有几十把、上百把各种刻刀、旋刀，大如雕刀小如银针。几十层的安徽宣纸，在蔚州艺人的手中，"嚓嚓嚓嚓"便迅即成为一沓沓一摞摞白色"胎纸"，而蔚州剪纸先声夺人的是染色。在数百年的审美进程中，聪明的蔚州人发明了点染、平涂、晕染等十分成熟的染色技法，他们用酒精调色，赤橙黄绿青蓝紫任他们调配。极为奇妙的是他们在厚厚的"胎纸"上染色时，颜色径直往下渗透而不流溢，致使发丝般的间隙两色互不干扰，干干净净。染好的剪纸，第一张和下面的都一样鲜艳一样缤纷。

我常常惊叹蔚州人工艺上的一丝不苟和耐心，对艺术的耐心已成为蔚州人的美德。除此之外，对艺术的执着使这个艺术群体不断产生出一代又一代的大师级人物。蔚州人把这一美誉首推给农民艺人王老赏。王老赏诞生在 19 世纪末期（1890 年），在此之前，蔚县剪纸已经走过了近百年的历程。王老赏的老家蔚州南张庄村家家户户都是剪纸艺人，这是王老赏艺术诞生的土壤。王老赏的贡献在于：首先他在银匠刘老布的帮助下，发明了近百种刻刀，王老赏一生遵循的是，看一个人的窗花如何，首先看它的工具；再就是王老赏在彩染上使点染、平涂、晕染的技法炉火纯青。比如一朵牡丹，由于运用晕染，花瓣颜色中浓外淡，由于点染和平涂，花叶浅而叶脉深；除此，王老赏为蔚州剪纸开先河的是将 200 多出戏曲中的 800 多个人物刻成了剪纸，戏曲人物和后人在此基础上发展的戏剧脸谱最终成为蔚县剪纸一绝而倍受世界青睐，王老赏功不可没。

20 世纪 50 年代伊始，察哈尔省的美术工作者佟坡等人先后到蔚州采风，发现了王老赏精湛的剪纸艺术，并为他画了素描像，王老赏离世后（1951 年），他们还为他出了书，北京的阿英、上海的古塞等人还为他写了长长的文字，这就为我们这个世界今天认识蔚州剪纸、认识王老赏留下了第一份资料。在王老赏逝世半个世纪之后的 2000 年，中国剪纸研究会授予王老赏"二十世纪中国十大民间艺术大师"称号。

今天这个时代，使我们在王老赏之后，又发现了周永明、任玉德、仰继、陈月新，以及周永明之家族、子女（周河、周广等）、焦氏家族、高佃亮、卢海、李闽等等大师级人物和艺术新秀。

周永明一生创作了 1500 种剪纸作品，尤其是他创作的戏曲小脸谱成为我们这个世界经久不衰的喜爱；任玉德集 30 年剪纸艺术生涯，创作了 2500 种剪纸作品，其创作的无数剪纸精品和在蔚州戏曲大脸谱基础上诞生的任氏泥塑镂空脸谱成为中国民间艺术之瑰宝！他的许多剪纸作品被制作成邮票、明信片并在国内外获得各种大奖；联合国教科文组织曾授予高佃亮、周氏兄妹等 7 位蔚州剪纸艺人"民间艺术大师"称号；新写实主义剪纸艺术创始人李闽拓开了蔚州剪纸艺术的新领域，他把剪纸艺术发挥到了神妙的极致。他的极具震撼力的剪纸人物肖像和山水作品完全可以与摄影、版画等高雅作品媲美；卢海创作的"红楼十二金钗"惟妙惟肖，在世界 20

多个国家的销售经久不衰……

　　蔚州剪纸如今已入选世界非物质文化遗产名录，而蔚州剪纸艺术人才济济，薪火相传，大师辈出。这是蔚州剪纸的大幸，也是中国民间文化的大幸。

精彩
— 赏 析 ——

　　蔚州剪纸扛过时代洪流引发的流逝和消亡，以其独特的魅力坚挺着，这是为什么呢？文人笔下，民间文化以更深入人心的形式向读者走来……

　　"蔚州剪纸，因其独特的艺术风格享誉国内外，它是中国的，也是世界的……"文章开头，作者便直白地说明蔚州剪纸的影响力和地位，让读者肃然起敬。而后通过介绍蔚州人民对这项民间剪纸艺术的热爱，蔚州剪纸的独特——不是用剪子剪，而是用刻刀刻，以及举例详细介绍了王老赏、周永明等民间艺人对剪纸艺术的钻研和传承。作者就是用这样朴实真切的语言，讲述了美丽的蔚州剪纸，带给读者更加真实的情感体验和对民间艺术更深刻的了解与崇拜。

通往格尔木之路

凝望西部，不禁感慨万分。昔日寸草不生的荒漠，已成了碧绿的草原，可以清楚地看到奔跑着的野驴群；昔日盘旋环山的小路，已成了笔直的穿山大道，是人民走向富裕的阳光大道。

一个大西北美丽的召唤，一个关于散文现状与未来的话题，在那年八月向我涌来。于是，一个关于人与自然的审美意识，关于西部那条路的悲壮与美质，就伴随我走向柴达木。

穿过祁连山南麓的湟水河谷，翻越美丽的日月山，亘古沉寂的大漠——柴达木便以神奇的力量，震慑我的心魄……

一

日月山，一个千年的传说。

传说中，长安一个美丽的女儿向遥远的西部走去。因着回望故土时战栗的一瞥，将唐皇父亲馈赠的日月宝镜摔成了两半，于是，日山月山便始于这历史的佳话；于是，日亭月亭便世代女儿般耸立在中国西部高原。

日月山下，藏人用信仰在日月山上堆起一隆石堆，石堆上插满盘树虬枝，无数经幡在盘树虬枝上迎日光漠风飘扬……

啊，玛尼堆，佛之坛场！

藏人虔诚的额抵在玛尼堆的青石上，藏人趴在地上长长地跪磕……

在这梵文构成的信仰里，藏人祈求什么？

站在这海拔约 3000 米的中国西部高原，我寻觅历史上那一行纤弱而壮丽的足迹，寻觅那辛酸而大义的泪滴……

啊，前面就是倒淌河——唐公主千年流不断的眷念啊！

二

你是大海退去后的一滴眼泪。

你是一个永不干涸的依恋。

你是生命死去后的梦境。

啊，青海湖！

是什么样的爱与力量使你亿万年在这冷寂的高原涌一腔蓝色深情？

亿万年不被亵渎，亿万年清清白白，亿万年平平静静，亿万年默默守候……

你的清清澈澈，你的坦坦荡荡，你的超凡脱俗，本该属于浩浩蓝天，可你却亿万年躺在地上；你一腔深情厚谊却亿万年被苦涩淹渍。

我该向你诉说什么，青海湖？

三

咆哮的黑马河，险峻的橡皮山，引我们向柴达木腹地走去。

啊，茶卡草原！

羊群，似蓝天下无忧无虑的白色风，向草原深处滚动；

牦牛，公狮般傲慢地前行；

牧人疏落的营帐，向天空扯一炷悠远的孤烟；

一只猎狗卧在营帐旁，吠营帐上空月牙上的风……

高原人，自古以来就牧一群羊、一群牦牛或一群马；

自古以来，就住流动的毡包，流动的营帐；

自古以来，就骑在精光的马背上，在这流动的草地里放牧野性的爱与温馨。

总看见穿佛衣袈裟的佛僧光一只膀子和牧人的孩子站在营帐旁，和牧人的妻子站在营帐旁，和牧人站在营帐旁……

营帐的炊烟摇曳着上升，营帐旁的小河窈窕着穿行。

太阳把静谧把古淡把惬意涂抹在无岸的草原。

茶卡草原，人和畜搂抱无垠的绿色，造就坦坦荡荡、平平静静、辛辛苦苦的民族。

四

《本草纲目》里就记载有"青盐"。

宋民就吃"青盐"，当代中国人就没离开过"青盐"。

300多年前，就有人走向这片苦涩的盐泽，世纪的咸苦淹渍了生命也孕育了生命。

105 平方公里的卤水、4.5 亿吨的储量，一铁铲下去就有白花花的结晶，一年就有上百万吨食盐运往中国东部和南部。这就是白茫茫的茶卡盐湖。

5800 平方公里、500 亿吨储量，够全世界人口吃 2000 年。用食盐修一条 3 米宽 1 米厚的公路，可以从地球修到月球。这是白茫茫的察尔汗盐湖；还有柯柯盐湖，达布逊盐湖，大柴旦盐湖，昆特依盐湖……

啊，柴达木，你这盐的世界！

能冒 10 级大漠风在卤水中一人一天采 5 吨盐是柴达木人不朽的意志；能在 60 度高温下，在西大陆炙灼的太阳下一人一年采千吨盐是柴达木人勇韧的风骨；盐块砌就的房屋，卤水浸泡的皮肤，盐土掩埋的尸体都是柴达木人生命的内容。

不去香港，不去美国，却只身走向盐湖一干就 33 年的是广东籍柴达木人；

离开杨梅树摇曳荷花浓艳的时节走向盐湖的是浙江籍柴达木人；

从鸭绿江边的战场上走下来，把孩子、女人装到大卡车里，自己端着冲锋枪横跨大戈壁的是河北籍柴达木人；还有江苏籍柴达木人，山东籍柴达木人，河南籍柴达木人……

啊，柴达木！

你寸草不生，飞鸟不停，你以怎样的内涵吸引了无数壮美的人生？

感知这方苦涩里的生与死、爱与恨、搏斗与受挫、生存与泯灭呢？

站在昆仑山冰峰之巅，照耀这方白茫茫。

五

疏了密了的骆驼刺无岸无涯，裸露了覆盖了无岸无涯的昏黄。

红柳花似沉默的思索指向无垠的空漠，几节无名枝蔓，痉挛般生成直线和曲线，生成无尽的躁动和悸想。

生命前行，沙漠退却，沙漠前行，生命退却。吞噬与反吞噬在亿万年的无声息中泣泪泣血。

亿万年的沉寂，亿万年的荒旷，亿万年的痛苦碎裂成戈壁黑色的砾石。

啊，察汗乌苏，你这白色的河流！

你滋润了北岸几十里长的戈壁绿带，滋润了香日德那方被囚禁的生命，滋润了负罪的生命在这方荒旷中创造了世界小麦最高亩产纪录，滋润了乌兰山下那位全国100个交粮先进典型之一吴芳兰……

察汗乌苏，你用亘古的痴情滋润孤寞生命在这孤寞世界产生亘古的奇迹。

然而，你能复活大格勒一望无际的沉寂吗？

你能滋润这亘古的干涸、亘古的窒息、亘古被流放的寂地吗？

全世界的寂寞从这里升起，全世界的热浪从这里升起，白光从这里升起，死亡从这里升起。

残忍的荒旷幻化成美丽的海市蜃楼，如宫如殿，如梦如幻。

啊，大戈壁！

六

这里曾经是海，是单细胞、多细胞、两栖多细胞、猿、类人猿走过的路。

曾几何时，生命从亘古的死亡里退去，这里成为死亡之海，这里便不再是传说中美丽的草原。

沙漠拍浪般涌来，时而像无头的巨兽站起，撼人心魄地摇晃着。

沙丘像无数的坟冢，悲怨着旷古的哀愁。一只黄羊向戈壁深处逃遁，一只秃鹫在沙丘上空盘旋……

唯有骆驼是不死的。

在这绝了生望的大漠，唯有骆驼是生的象征，勇气和雄悍的象征。倘若不见骆驼，在这死亡之海，即便看见一只苍蝇，那也是美与神圣的惊悸和感动。

柴达木人说，倘若有人阻止公驼向母驼求爱，公驼会将你碾死在戈壁上。骆驼是残忍的。

柴达木人说，骆驼每吃一棵骆驼蓬草，总要把驼峰里储藏的水吐一些出来饮到草根上。骆驼是博爱的。

柴达木人还说，骆驼可以十天半月不吃不喝，驮你在绝望的大漠中找到生存的希望：或一泓泉水，或一个湖泊，或一庇绿荫，或一个毡包……然后安详地死去。

骆驼，这死亡世界里最壮美、最震撼、最深刻、最情感的精灵。

七

天空里飘着一缕青烟，前面就是格尔木。

格尔木，你这瀚海里的奇葩，你这戈壁里的神话，你这骆驼驮来的城市啊！

30 年前，一个将军，一峰骆驼，一顶帐篷，连同将军的信念、骆驼的坚毅、帐篷的孤寞一起筑成一条震惊世界的公路。中国最长的公路通往遥远的日光城。

戈壁里原本没有路，祖国的版图中原本没有格尔木市。

曾几何时，将军、将军的战士，将军的两万五千峰骆驼，来到这河流汇集的地方，筑一条路。

当两万峰骆驼一年里全部在戈壁毙命；

当成群的乌鸦从骆驼的血泊中飞出；

当将军用泪水和汗水洗净黄昏的疲惫；

当将军日携夜枕的那块写着"慕生忠之墓"的木牌成为亘古的悲壮；

当大漠那枚浑圆的落日在将军的记忆里泊成血色的美丽；

当一个扎帐篷睡地窝子的部落在这里生息……

格尔木市诞生了！

青藏公路诞生了！

昆仑魂诞生了！

将军和将军的战士以及将军的骆驼驮走了靠沙海蜃楼撒谎的历史，一部真正的拓荒史以撼人心魄的力量开始在这里叙写。

当我们到达的时候，这一切都已成为一个用沙漠雕塑的话题。一座寂寞的小楼，一把孤独的长椅，墙角，一个养狗的小洞……

"将军楼"和年轻美丽的格尔木站在一起，将军的信念和血与格尔木站在一起，将军拥有一个城市的名字。

已听到敦煌反弹琵琶的悠扬琴声；

已听到敦煌少妇飞腾的古歌；

掉转头，我向古丝绸之路走去。

中国西部，中国青海，中国格尔木！

我将用生命的全部来感悟你的亘古与傲岸，感悟你最深刻最震撼最悲壮最内涵的生存大体现……

精彩 —赏析—

格尔木，世界上面积最大城市，因青藏公路诞生，通向世界屋脊。本篇文章正是作者对大西北之路的悲壮与美质的感慨。

"穿过祁连山南麓的湟水河谷，翻越美丽的日月山，亘古沉寂的大漠——柴达木便以神奇的力量，震慑我的心魄……"开篇以题记的方式，向读者总述了作者对大西北的向往和赞叹。然后，作者借用一个千年传说——美丽的女儿向遥远的西部走去，向读者传达大西北的神秘之感，并带着读者一起走进大西北。此后，作者开始分别介绍青海湖、茶卡草原、茶卡盐湖、柴达木、察汗乌苏等地的独特之处和优美的景象，真是让人惊讶之余，不禁感叹。感叹西北风景的美丽，感叹西北那深厚的文化底蕴！文章的最后更是使整篇文章得到升华，"我将用生命的全部来感悟你的亘古与傲岸，感悟你最深刻最震撼最悲壮最内涵的生存大体现"。

村庄与古树

🌸 **心灵寄语**

> 每一棵树都有自己的使命，每一个村庄都有自己的历史。树是村庄的根，树是村庄的魂，树是人们对故乡的思念……

在秦巴山东麓的山涧里，在我奶奶两间土墙草屋的东侧土路边，有一颗巨大的女贞子树。乡下人不叫它女贞子，叫它白蜡树。白蜡树的树径很粗，两三个大男人都环抱不住。白蜡树的树杆龟裂着、扭曲着、挺拔着，树身上长了许多馒头大小的树包，像爬着许多静默的龟。奶奶说，那树活了四五百年了，有神灵的。

每到夏天，白蜡树的阴影比几间房子都大，大人、孩子都喜欢在树下歇凉。我和妹妹，还有舅奶奶的孙子福哥儿，我们总爱在树下玩"抬轿子""吹叫叫"的游戏。我们把白蜡树的叶子摘下来，卷成一个细筒，放在嘴里一吹，便发出很好听的声音，这是我们童年最好听的音乐；我们还做着各种各样的泥人，用柿树叶为泥人做衣服，然后，把穿着柿叶衣服的小泥人放进白蜡树靠地面的一个很深的洞里，小泥人有家了，扮小泥人爸爸妈妈的福哥和我，这时，便会龇着牙笑个不停。

　　我们非常想知道树洞里的秘密，但我们不知那个树洞有多深，我们有些恐惧。我们一天天往树洞里放泥娃娃，也不知我们放了多少"娃娃"在里面。我们只是看见每天有长长一队的红蚂蚁从树洞里爬出来，很大的红蚂蚁，通体鲜红、透亮的红蚂蚁。奶奶严禁我们伤害那些红蚂蚁，奶奶说，白蜡树身上的任何东西都是神灵，都在保佑我们。

　　有一天，躺在竹床上的我发现蚊帐顶上卧有一条蛇，一圈一圈，卧成一个漂亮的盘。我吓呆了！母亲搂住我压低声音说：别出声，那大蛇住在屋外的白蜡树上，它是来我们家串门，一会儿就会回去的……

　　后来，我们到了上学的年龄。大学毕业后一直在城里教书的父亲，接母亲和我们弟妹进城了，此后，我再没有回到乡下。

　　再后来，听说那颗白蜡树被砍伐了，它的树杆被锯成一节节，拉到土高炉去"炼钢铁"了。当它的树身被投进火焰时，发出一声声暴烈的巨响，使烧它的人毛骨悚然……

　　与白蜡树一起被砍伐的还有一颗华栎树。华栎树长在去外婆家的路上，它的年龄比白蜡树还要长，树径比白蜡树还要粗，树上有六七个筐笼大的鸟窝。因树的博大雄奇，人们就以它命名一条山岭，叫"华栎树岭"。不知从哪个朝代开始，"华栎树岭"便成为一个地名，人们在说到一个人家时，总是说"华栎树岭杨家"或"华栎树岭陈家"等等。

　　人们说，华栎树被砍的时候，几百、几千只鸟在天空盘旋，哀鸣长达几个小时，后来，他们便不知去向……

　　这几年，我频频从北京回故乡。每每到乡下看到奶奶当年的土墙草屋，我就倏忽忆念起那棵古老的白蜡树，那婆娑笼盖的树荫、那通体透亮的红蚂蚁、那盘旋的大蛇、那树洞里的泥娃娃、那树底下我和福哥天天吹响的"叫叫"……所有的物什都穿越时空，刹那间来到我的眼前。

人们告诉我，白蜡树所在的村子原本住着好几百人，而眼下这里已没有几家人了。奶奶那一代、父母那一代都已离世，甚至我们这一代也有许多人走了，连儿时一起吹"叫叫"的福哥也离开好几年了。年轻一些的搬家的搬家，移民的移民，打工的打工，出嫁的出嫁，只剩下三五个老人在这里度最后的时光。

如今，白蜡树的村子寂寥了，"华栎树岭"落寞了。

我总在想，人与树，在千年的岁月里，筚路蓝缕，相依相伴。古树、老井、石碾，原本都是家园的象征，是岁月的符号，是人类精神的所在。那么，是千年古树的消匿让村落也一天天在消失吗？

精彩赏析

从"白蜡树所在的村子原本住着好几百人"到"只剩下三五个老人在这里度最后的时光"，可见随着时间的流逝，原来充满了人气和生机的村子，现在只留下孤单的老人独自坚守。"白蜡树的村子寂寥了，华栎树岭落寞了"也映衬出村子从原来的幸福、快乐、劳作、玩耍的场面，变成了现在的一片沉寂毫无生机的场景。"年轻一些的搬家的搬家，移民的移民，打工的打工，出嫁的出嫁"也指年轻人都被吸引到其他地方，只有老人留守在村庄，不愿意离开自己的故土。

楼兰的忧郁

🌸 **心灵寄语**

一切繁荣倘不以坚固的生态平衡为基础、丰富的自然资源为依托，那么繁荣就是靠不住的，一阵黄风就能刮走。

一位始终在关怀、忧虑人类生存的作家，曾站在被沙漠湮埋的楼兰古城遗址，心情非常沉重。当他从出土文物中得知 3000 多年前的楼兰，也曾有环境学专家向国王建议对"砍树者"实行"罚马""罚牝牛"，当国王将此建议晓谕臣民时，一切都已晚了，沙漠、狂风、干渴已开始疯狂地吞噬楼兰。楼兰人来不及种树了。我们完全可以想象，曾经"马蹄哒哒，驼铃声声，商贾使节络绎不绝"、处在古丝绸之路上的楼兰城的富裕和繁华；我们同样也可以想象，当沙暴卷来并湮埋这座城市时，无处逃生的楼兰人的惊恐与绝望。

于是这位作家站在位于塔里木盆地南缘的楼兰遗址，面对强大的塔克拉玛干大沙漠告诉人们：一切繁荣倘不以坚固的生态平衡为基础、丰富的自然资源为依托，那么繁荣就是靠不住的，一阵黄风就能刮走。

楼兰被湮埋了。和楼兰同时兴起在古代"丝绸之路"上的尼雅、卡拉当格、安迪尔、古皮山等繁华城镇也都先后湮没在近代的沙漠之中。这是世界旧大陆的悲剧。

当我穿行在辽阔的西鄂尔多斯荒原，当我行走在沟壑纵横、山塬破碎的甘肃定西和宁夏西海固，当我站定在漫漫无际的腾格里沙漠之中时，我总在想，仅仅是楼兰人来不及种树了吗？世界旧大陆的悲剧不会再发生了吗？

我在宁夏采访时，随处可以看到和听到贫苦的农民和他们的孩子生钱的唯一办法是挖甘草，即使我在同心县韦州镇，很优秀的老师在赞扬某某女童能艰苦读书是因为该女童能吃苦挖甘草，赞扬该父母能供女孩念书也是要领我参观满屋子的甘草。人们居然不知道这一代又一代的挖甘草已经把宁夏整个的生存环境给毁得面目全非……

历史上的宁夏不是今天这样被沙漠和秃岭紧紧包围，自古就有"天下黄河富宁夏"之说，"黄河两岸，沃野千里"。唐人韦蟾在《送卢潘尚书入灵武》（灵武为今宁夏灵武县）诗中写道："贺兰山下果园成，塞北江南旧有名，水木万家朱户暗，弓刀千队铁衣鸣"，说的就是宁夏"粮果飘香耕耘忙"的景象。《山海经》上说六盘山上"其木多棕"。棕是亚热带植物，大量生长在六盘山上，足见六盘山和它脚下的西海固气候多么温暖湿润。然而今天的宁夏已是"一年一场风，从春刮到冬"，春天的风可以将禾苗吹死、掩埋，夏天的风可以将庄稼"青干"在地里，秋天的风常使成熟的农作物纷纷落粒；曾经青山葱茏的六盘山下的西海固如今万山秃尽，每年水土流失数万平方公里，每年损失一亿多吨肥沃土壤，成为黄河中上游水土流失最严重的地区之一；地处西鄂尔多斯荒漠区的盐池县因滥挖甘草而使土地沙化面积已达 700 多万亩，占县内沙区面积的 86%。

现在，宁夏甘草已经不多了，人们须到 50 里外、100 里外去挖，挖不到就三五人合伙，拿上被褥、镢头、麻袋和锅碗瓢盆，开上手扶拖拉机到内蒙古、新疆去挖……

然而，1998 年 9 月，我在宁夏采访时，无论在农村还是在城市，无论是书报资料还是电视节目，都依然在说："宁夏有三宝，枸杞、发菜和甘草。"

当我即将结束西部的采访时，我来到了腾格里沙漠南缘的沙坡头。当我独自站立在这无边无涯的瀚海里面，当我向波涛般凝固的黄色走去时，我居然不是恐惧，我体验的是博大、是敬畏。科学告诉我们，沙漠是在人类到达地球之前的几千万年，已经完成了它的铺张的，所以当人类出现时它已非常傲岸。但那时的沙漠还是有自知之明的，它仿佛对人类说：我们相依相存吧。那时的人类对它是敬畏的、不敢轻易触怒的，因为它是"天赐"的。"腾格里"是蒙语，意即"天上掉下来的"。可是后来人类狂妄了，得意忘形了，在这个桀骜不驯的大物面前不小心翼翼了，于是这个大物肆虐了。我不是在这里讲童话，因为依然是科学告诉我们，地球原本留给我们的原始沙漠是很少的，现在地球沙漠的 87% 是人类后来的活动造成的。

沙坡头是腾格里大沙漠南端紧逼黄河的连绵沙山，东西长十几公里，在黄河北岸堆积成高达百米的沙坝，这里曾经流沙纵横，平均每十个小时出现一次沙暴，沙暴一来，地毁人亡。沙坡头一带年降雨量只有 200 毫米，蒸发量却为 3000 毫米，是降雨量的 15 倍！沙漠每年以 8 至 9 米的速度向黄河方向推移。我想，如果沙坡头不出现一个治沙林场，不走来一批献身于治沙事业的专家和工人，黄河在这里早已成为地下河！那条抻长的京兰铁路不知已被湮埋过多少次！

1957年沙坡头建立了固沙林场。走来了专家，走来了工人和农民。他们在茫茫沙海里安营扎寨，开始与人类的暴戾搏斗。他们创造了1×1米半隐蔽式草方格沙障固定流沙，那些草方格的草用的是麦秸或稻草秸。然后，他们又抢墒在草方格里播进草或灌木。30年不懈的努力，30年生与死、成功与失败的搏斗，终于在沿铁路两侧连绵不断的沙山上布下了一张绿色巨网，这张网宽近千米、长近70公里，形成纵横几万亩的固沙林带。昔日吞村毁舍、席卷大地的黄沙被绿色巨网牢牢捕获，再也未能逞凶。绿色巨网曾经历了百年不遇的大沙暴的袭击，但安然无恙。

在沙坡头沙漠边沿高高地耸立着一座碑，那上面记载着1994年联合国命名沙坡头固沙组织为世界500家最佳治沙单位的表彰内容。仰望那座沙漠中的丰碑，我感受着一种悲怆和震撼：这是人类对命运抗争的纪念。回眸南望依然喘息着、挣扎着穿越沙漠的黄河，我就想，我们的"生存教育"应该添加的内容，我们的老师应领孩子们常来沙坡头看看。告诉他们我们生存环境的危机与艰难，不能再砍树、铲草皮、挖树根了！告诉他们沙暴曾经湮没了一个楼兰、尼雅……可沙暴只仅仅湮没楼兰、尼雅……吗？让他们回去告诉他们的父母；让他们长大了，告诉自己的孩子……

精彩
—**赏**析——

　　楼兰，一个曾经繁华美丽的古国，一个最终被沙暴吞噬的古国。一个古国为何会走向这样可悲的结局？作者通过今昔对比，一面描写楼兰古国曾经的繁华——马蹄哒哒，驼铃声声，商贾使节络绎不绝；一面感叹如今楼兰古国的败落——被沙漠湮埋的楼兰古城遗址。作者借楼兰的历史引发了一系列的感想，最终回归到人类必须严肃面对的现实问题——我们的"生存教育"应该添加的内容，我们的老师应领孩子们常来沙坡头看看。告诉他们我们生存环境的危机与艰难，不能再砍树、铲草皮、挖树根了！"楼兰的忧郁"没有停止，爱护地球环境，人人有责！

————————

▶预测演练一
······················

1. 阅读《童年旧事》，回答下列问题。（9分）

（1）第二段作者写道"这次回鄂西老家，总想着找一找阿三"，为什么？（3分）

_____

_____

_____

（2）作者为什么再也忘不掉阿三"黑黑亮亮的眼睛"？（3分）

_____

_____

_____

（3）文章最后，阿三说："很难过，我们都长大了……"有什么含义？（3分）

_____

_____

_____

2. 阅读《楼兰的忧郁》，回答下列问题。（13分）

（1）本文开头写楼兰古国时，连续两次描绘"可以想象"出的情景。这样写，起到了哪些作用？（4分）

_____

_____

_____

（2）文章结束时表达了对"生存教育"的具体建议。请联系全文，说说作者这样写想要表现什么，这样写的效果是什么？（4分）

_____

_____

_____

（3）阅读第四自然段，想一想作者为什么反问"世界旧大陆的悲剧不会再发生了吗？"请举例说明。（3分）

_____

_____

_____

（4）楼兰的遭遇让人震撼，现在的我们应该怎样保护环境？（2分）

_____

_____

_____

3.写作训练。（60分）

在人生的路上，不知要遇到多少人，然而，最终能留下记忆的并不太多，能够常常眷念的就更少了。童年，给我们留下的记忆，或美好，或遗憾，或伤感，但这些记忆都是我们难以忘怀的。

阅读《童年旧事》，记叙你记忆中难忘的童年。文体不限。字数：600—1000。

腊月的味道

💮 **心灵寄语**

腊月的味道，就是亲人的味道，家的味道，是令人魂牵梦绕的味道。无论你在哪里，它总能触动你的内心，给你带去力量和抚慰。

腊八节一过，腊月的味道就一天天浓了。

小时候，我看到母亲一进腊月，就分外忙了起来，除了一双又一双、一件又一件地为我们赶做新鞋、新衣，就是变着法地做各种美食。比如，腊月初八为我们熬腊八粥，腊月二十三小年，为我们打糍粑、酿米酒、烙灶饼，除夕为我们包饺子、煲排骨藕汤、做米粉蒸肉……无论生活多么清贫，但到了腊月，我们总是能吃上几顿好饭菜的。

小时候，我们没有丝毫享受零食的奢望，但在腊月，母亲总会为我们炒一些苞谷花儿和红薯丁儿之类的东西，那是童年最好的、也是唯一的零食了。总也忘不了在朦胧的桐油灯抑或玻璃罩子灯下，母亲为我们炒苞谷花儿和红薯丁儿的情景。苞谷里常常有许多"铁豆"，炒不出花儿来，那我们也吃得津津有味。

母亲就这样为我们做了一年又一年。

我这一生对厨房，对做饭、烧菜总是乐不可支，应该是从小受母亲感染的吧。

婚后，我承接母亲的慈心温爱，母鸡护小鸡般张开宽宽的翅膀，暖护着我的两个儿子、我的家。和母亲一样，一进入腊月，我就醉心地给我的丈夫、儿子打糯米糍粑，累得大汗淋漓却无比快乐；我从南方老家带来酒曲子，一盆一盆地为我的家人自酿香甜的米酒，米酒里煮两个荷包蛋是丈夫喜欢的早餐，也是年节里我们一家人的美食；我能一次擀2斤面的面条，切得细细的为全家人做豆角肉丝焖面、炸酱面、臊子面；我把葱花饼烙得外焦里嫩，我把土豆丝切得比绿豆芽还细；我学会了蒸又香又暄的包子，学会了一张一张地擀北方饺子皮；最令我开心的是我向邻居大妈、大婶学会了腌制冬菜：圆白菜、大白菜、芹菜、胡萝卜、雪里蕻、辣椒、白萝卜，经我腌制过后酸辣脆甜各味适中，成为过年油腻之后最开胃、最受欢迎的一道下饭菜。

当年，在贫瘠的塞外，每到冬季，我就三缸四缸地腌制冬菜。因为漫长的120多天里，塞外是见不到任何新鲜蔬菜的，腌菜过冬是家家户户必做的冬事。邻居们都说我腌的菜好吃，他们说我的"手气"好。以至于一到冬季，邻居大娘总是让我去为她往缸里摁菜，以至于腌了一辈子菜的我的婆婆也不再自己腌菜，总是让我全程操作，她说我腌的菜香。

"手气"是什么呢？也许，这是一个生命密码，谁也无法解释这其中的玄妙。我只是觉着我这一辈子都是在用心过日子，因为有围着我的亲人，我辛苦着并快乐着，我只想一心一意为他们创造生活。

后来，孩子们长大了，成家了。再后来，共同携手的丈夫也离世了，腊月寂寞了。我也许多年不再腌菜了。

今年的冬季，整整75天的日子我在小儿子家度过。因为他的岳母身体不好需要回老家休息，他3岁的小女儿需要人照看，我便走进了一个与儿孙快乐厮守的腊月。

与儿孙在一起的日子，回忆过往岁月里无数腊月里的温馨，我总是独自会心一笑。腊八节前一夜，我一直操心早早起床为儿孙熬粥的事，以致睡不实，不到6点就醒来，赶紧把泡好的江米、大黄米、红小豆、绿豆、大芸豆、栗子仁、莲子仁、樱桃干熬成一锅八宝冰糖粥。下午，又为他们用北京米醋泡了一大瓶"腊八蒜"。

我如此用心地做着腊月里的事，我想应该是万千烟逝之后的一种情之归依吧。

我的小孙女叫多多，我很感恩与其"共舞"的腊月，这些日子我虽然很累、很辛苦，但却幸福着。和一个聪明可爱的小东西在一起，她让你一天多说出比平日多一百倍的话，当我极其温柔又假装童音地与她没完没了地对话时，内心便升腾起无比的温馨感和幸福感。

有一次她突然问我："奶奶，你的妈妈在哪儿？"

我说："在湖北呢。"

"在湖北哪儿呢？"

"在湖北的天堂呀！"

"你不是说爷爷在天堂吗？"

"是呀，他们都在天堂呀！"

"他们为什么都去天堂呀？"

"天堂里有幸福呀！他们不再痛苦、不再生病、不再烦恼……"

"我能看见他们吗？"

"能呀，但现在不能。不过他们能看见你，正保佑你健康成长呢……"

我不愿让一个如此稚嫩的幼儿去接受关于"死亡"的话题，我为在她紧紧追问下作出圆满的回答而暗自高兴。

但有一天，她突然说："奶奶，我不想让你去天堂。"说完眼内已盈满泪水。

我不知道我反复赞美的"天堂"，在这个小女儿心里究竟是什么含义。但此刻，我一把搂过她，说："奶奶现在不去天堂，奶奶陪多多长大……"说这些话时，我们相拥着，且都已热泪盈眶。

此后，她又多次表达这样的心意。我常想，这个不足4岁的小女儿，小小心灵里藏着怎样的柔情和善感呢？她在怎样理解天堂的含义呢？

那天，多多又突然对我说："奶奶，我想让我永远在你心里。"她说第一遍时，我没听清，感觉有点儿绕口。我再问她时，她重复了这句话。而重复说时，她白净、可爱的小脸上已淌满了泪水。我赶紧搂住她说："多多永远在奶奶心里！奶奶也永远在多多心里！"

她偎在我的怀里，继续说："奶奶，我昨天做了一个梦。"我问："你梦见什么了？""我梦见我和爸爸妈妈在一起，奶奶在很远很远的地方。奶奶，我不想让你去很远很远的地方。"我立刻说："奶奶不去很远很远的地方，奶奶和多多永远在一起……"

说这些话时，我们总是相拥着，都已泪流满面！泪流满面！！

我想，亲爱的多多大概把"天堂"想成"很远很远的地方"了。

半晌，多多抬起头来说："奶奶不哭、不哭。"我说："多多不哭了，奶奶就不哭了。"于是，我们两个抬起头对视，片刻后破涕而笑。之后，她又开始专心地粘贴她的立体纸贴画。

望着这个幼小的生命，我在想：这是我在世上的最爱了！这个多愁善感的小精灵，你是从哪里来到了我的身边呢……

几天前，她的重感冒传给了我，我非常难受，嗓子已变得嘶哑，说不出话来。她说谁传给奶奶感冒呀？我说你呀。她说我喜欢奶奶，我就传给奶奶……

这个腊月，我总在想：什么叫天伦之乐？这就是了。和孩子在一起，我们的心变得尤其纯洁天真起来。

屋外，孩子们燃放的爆竹声断续地传过来，腊月的味道越来越浓了。我要好好地为我的孩子们做好每一顿饭菜，好好感受天伦之乐！

许多往事与忆念、艰辛与屈辱、苦难与幸福，我都写进文字中了。现在我老了，但我奋斗过、实现过、存在过，上苍会看到我的爱与奋斗，多多长大后会懂得我的爱与奋斗……

这是这个腊月里我能想到的最快乐的事情。

这也是这个腊月里我能感受到的最难忘的味道。

精彩
—**赏**析——

　　古语有云："秦人岁终祭神曰腊，故至今以十二月为腊。"进了腊月就是年，这是迎接春节的前奏，也是送祝福的开始，所以在中国人的心中，腊月有着特殊的意义。而腊月留给作者的回味却因家庭变故而不尽相同。作者先是回忆小时候母亲在腊月里，温暖慈爱、忙碌辛劳地为家人准备食物等的场景，给作者留下了温暖美好的印象；而后记述婚后腊月里，自己为丈夫、儿子打糯米糍粑、酿米酒等，忙碌不停却温馨幸福；之后岁月流逝，在儿子家里尽享天伦之乐。作者用琐碎的、朴素的、真实的语言，烹调出最快乐、最难忘的——"腊月的味道"。

善待生命

🌸 **心灵寄语**

> 珍惜生命，因为生命不只是自己的，也属于爱你和你爱的人。善待生命，不只是善待人类的生命，也要善待自然中万千美丽的生命，世界因这万千美丽的存在而充满美丽。

蟋蟀"比尔"及其他

童年的夜晚，仿佛遍地响着蟋蟀的叫声，那此起彼伏、抑或是无休无止的声音使夜晚充满了诱惑。

在这些夏日的夜晚，我总是和弟弟、申子哥他们一起溜出家门，拿上手电筒，或顺着墙边，或来到一片长满灰灰菜的地里逮蟋蟀。我们那时不叫它们蟋蟀，而是叫蛐蛐儿。白天，我们早已做好了各种不同大小的装蛐蛐儿的泥罐子。泥罐子做得精致而光滑，内里掏着一些拐弯抹角的洞，地道似的，我们企图让逮住的蛐蛐儿住进去有家的感觉。泥罐子上面我们做了泥盖，防止蛐蛐儿逃跑；泥盖上留着瞭望口，好观察它们在房子里的动静。

我们撬石搬土，在一些潮湿的地方寻找我们心中的"勇士"。

这些"勇士"都是公蛐蛐儿,我们能认出公母,我们甚至能根据鸣叫声的大小来辨别它们的性别和年龄。我们常常能逮住一些被我们称为"王子""公爵"的十分英俊的公蛐蛐儿,也能逮住一些叫"关公""赵云"的英勇善战的公蛐蛐儿。我们不要母蛐蛐儿,因为母蛐蛐儿不会"战斗",它们从不参与"男人们"的战争。我们有严格的规矩,谁逮住的蛐蛐儿算谁的,装进各自的泥罐儿,以待第二天"决斗"。泥罐儿可以互相赠送,但决不允许相互偷蛐蛐儿,谁偷谁是"夜壶",立即不再跟他玩。

有一次申子哥的弟弟偷了我弟弟的"赵云",且不小心把"赵云"强健的腿弄掉了一只,我弟弟大哭起来。我弟弟的"赵云"彪悍英俊,它有着漂亮的黑褐色,脑袋上两只细长的触须就像大将赵云手中那两支百战百胜的长枪。它还有两条强劲健美的后腿,决斗时两腿蹬得很有力!它的两只尾须翘起,像扇起的两翼黑色披风!夜间,它鸣叫的声音也特别嘹亮,能从弟弟睡觉的屋子传到我睡觉的屋子,"姐,听见了吗?'赵云'……"弟弟在那间屋子里喊。"听见了——"我扯起嗓子愉快地回答。我和弟弟因有"赵云"而骄傲着。现在,"赵云"残废了,弟弟和我都哭得吃不下饭。

申子哥执仗正义,揍了他弟弟一顿之后,随之将他的"关公"赔给了我弟弟。不过我们仍然好几天不理他弟弟。"关公"是我们仰慕、敬畏已久的蛐蛐儿。它不仅有黑里透红的身体,而且十分的勇敢顽强。每次决斗,它不是咬断对方的腿,就是把对方的触须给拔下来。弟弟的"勇敢者1号"和"勇敢者2号"都曾在"关公"阵前毙命。申子哥将红色"关公"赔给我们,那一刻,我们对申子哥也充满了敬畏。后来,申子哥成为我们家属院十几个孩子的"王"。

一开始，我是认不准公蛐蛐儿和母蛐蛐儿的。有一次，我把自己逮住的一只肥硕的大蛐蛐儿装进我的蛐蛐儿罐儿里，罐儿里有一只弟弟送我的蛐蛐儿，这只蛐蛐儿名叫"比尔"，弟弟给它起的名字——弟弟在看一本连环画，"比尔"可能是连环画里的什么人物。"比尔"在与申子哥他们的蛐蛐儿决斗时，表现得很不英勇，总是退让、逃跑，于是弟弟把它送给了我。我想，我那只肥硕的大蛐蛐儿进去后，定会轻轻松松地把"比尔"打得落花流水。没想到，相反的事情发生了：我的大蛐蛐儿和"比尔"非常友好，它们用长长的触须相互碰了碰，然后又碰着很久不动，像是在紧紧地握手。过了一会儿，它们的身体开始接触，先是拥抱，不久，尾与尾便接在了一起。很久很久，它们都很安详、很平静。不像我在弟弟和申子哥的罐儿里看到的现象：来一个"不速之客"，它们会立即"吱吱"地咬起来，直到缺胳膊断腿。其实，更多的时候，我是不喜欢看到这种场面的。我主要是觉着断了腿的蛐蛐儿，身体一定很疼。

我把罐儿捧给弟弟和申子哥看："看呢，它们不打仗……"我豁着牙嘻嘻地笑着——我直到11岁两只前门牙都没长出来，妈妈说是因为我总用舌头舔就会这样。要按现在的说法可能是缺钙。

谁知弟弟和申子哥他们看完之后，相视着一笑——他们笑得很腼腆、很难看的样子，然后说："母的……"然后又说："连呢……"我长大之后回忆这句话时，我想他们当时可能是说"恋呢"。说完，他们就不由分说把地我的那只大蛐蛐儿捉住，恶狠狠地分离了它们，并一扬手把它摔出老远，他们说："不要母的……"我想我那只大蛐蛐儿肯定被摔死了。

第二天一早，我发现"比尔"也死了。它歪倒在罐儿里，腿脚僵直，很痛苦的样子。

我那一天也很难过，其实，也说不清为谁。为我那只母蛐蛐儿，还是为"比尔"？还是为别的什么……

黄　儿

黄儿是舅奶奶家的一只母狗。我看到它时，它已经很老了，不过没人记得它的年龄。它有点儿骨瘦如柴，肚子总是吸得扁扁的，脊梁的肋骨很突出；尾巴也不蓬松卷曲，总是有气无力地拖在身后，一点儿也不好看，像只可怜、孤独的老狼。我跟它开始有感情是在小妹生下之后，小妹拉粑粑后，只要母亲唤一声"黄儿，喔——"，它就迅速地跑来，把地上的粑粑舔得一干二净，然后走到门槛外边，一声不吭地坐在那里望着我们。有时它会望着我们望很久，有时，我发现它眼角有泪水流下来，很苍老的泪水。

"妈，黄儿在哭……"我对母亲说。

"它想它的孩子了……"母亲说。

我们住的这山里，人烟很稀，好几里地才有一两户人家，没有人家就没有黄儿的同伴。黄儿这一生只有一次爱情，是山里那个卖货郎路过舅奶奶家时，他随身的那只雄健的公狗和黄儿相爱了。后来，黄儿就怀孕了，生了三只小狗娃。黄儿还在哺乳期时，舅爷爷就把三只毛茸茸的小狗娃偷走，换了几烟锅鸦片。黄儿失去了儿女，日夜狂吠不止。舅奶奶拿热毛巾给黄儿敷奶，因没有小狗娃吃奶水它的乳房已肿胀得通红。"老剁头的，害死黄儿……"舅奶奶骂舅爷爷。"你狗都不如！你有本事屙啊……"舅爷爷是咒骂舅奶奶不会生养。黄儿终于痛苦不堪，疯狂地出走了，好几天没有回来。夜里，舅奶奶听见它在后山上狂吠，它在找它的孩子。7天后，它无望地回来了，瘦成一把骨头，再没"返醒"过来（"返醒"是鄂西的土语，指"恢复"的意思）……

母亲讲黄儿的故事时，很忧伤，这故事肯定是舅奶奶讲给母亲的。我不敢和舅奶奶说话，我感觉她很古怪、很陌生，她有时想和我们亲近，有时却又故意疏远着我们，带着一种敌意。

有一次，我抱着小妹到水塘那边的石坡上玩，回家时把小妹的一只小鞋弄丢了，正着急呢，黄儿叼着那只小鞋"颠颠地"跑来了。放下小鞋，它依然一声不吭地蹲在门槛外边望向我们，望很久。

有一次，母亲到城里看父亲和哥哥，交代我看好弟妹。当晚山里下起了大雨，雨水从山墙沟流进了屋里，我害怕极了，我让弟妹坐在床上别动，我蹲在木板凳上为弟妹煮了萝卜白米粥，因为我还没有锅台高。我不知放多少水，最终把萝卜粥煮得很稠。雨下个不停，下成了白雨。屋里的水也越来越深，我淌着水把饭端到床上递给小弟，又盛一碗去喂小妹……我做这一切时，黄儿一直站在灶前的水里看着我。地老天荒我也不会忘记当时的一种心情：唯有一声不吭望着我的黄儿给我抵挡恐惧的勇气。我给黄儿盛了一碗萝卜粥放在地上……

"吃饭了没有？姐儿……"临睡时，舅奶奶从只有三根木窗棂的土窗外问我，她的声音很粗很生硬，嗡嗡的。"吃了……"我战战兢兢地回答。我多么希望那一夜她和我们做伴、睡在一起，但她问完就从土窗外消失了。唯有黄儿蹲在灶膛前……

夜里，我被小妹的哭声和黄儿的"嗯嗯"声惊醒，爬起来就在床上摸小妹——那时，乡下没有电，我们只是点桐油灯。来不及点灯，我就在床上乱摸，怎么也摸不着小妹。仔细一听，小妹是在床下哭，我懵懂着"忽地"跳到床下的水里，又摸。原来小妹不知在什么时候已掉到床底下，把小妹从水里捞到床上时，我哭了起来。那一夜及天亮后盼望母亲归来的心情，成为我一生都再也没有过的一次刻骨铭记。

不久，爸爸要接我们进城住了。我们走时，黄儿默默地跟着我们走出了十几里地。山里不通汽车，四十多里山路我们只靠步行。一路，母亲反复劝黄儿："黄儿，回去吧……"母亲说这话时像对一个姐妹。我想让黄儿和我们一起进城，但母亲不答应，说"黄儿是舅奶奶的"。翻过一个大山梁时，黄儿停下来不再走了。它"嗯嗯"着在山梁上转着圈，并用一只前爪刨着地。我不知黄儿要干什么，母亲说："黄儿要在这里和我们告别了……"我再也忍不住了，蹲下身去抱着黄儿的脑袋，大哭。黄儿"嗯嗯"着，也在流泪。那泪，很苍老、很凄楚。

和黄儿告别的山岭叫羊岭。

羊岭是一个五里长的大坡，我们顺坡往下走，黄儿一直在岭头蹲着，望着我们。直到我们走到谷底，回头望黄儿，还看见黄儿蹲在岭头的黑色剪影。

一年后，听说舅奶奶死了。不久，黄儿也死了，在舅奶奶坟前……

前几年，去贵州台江苗乡。公路旁耸立着偌大的广告牌：花江狗肉，驰名天下。只见街头所有人家的玻璃橱窗里，全都摆放着被褪光了毛的乳狗。乳狗被吹了气，圆滚滚、白煞煞的，开始我还以为是褪了毛的乳猪呢。当我知道那是乳狗时，我在刹那间痛苦地闭上了眼睛。也是在那个刹那间，黄儿和它的儿女们穿越时间和空间，出现在我的眼前……

在贵州工作的同学要请我吃狗肉，我断然拒绝。我恨天下那些杀狗的刽子手，我也恨那些大吃狗肉的人。我相信，人对动物的涂炭，必将得到报应！

水塘边的鸟窝

水塘在黑夜中沉寂，这使我怀念水塘边的那棵有鸟窝的老榆树。

我们和母亲来到乡下时，那棵树正长满了榆钱。榆钱泛着淡淡的绿色，钱串似的，压弯了枝头。后来，榆钱落了，榆叶变老，黑绿黑绿的。知了爬到了榆树上，知了的叫声很尖长，使山里的夏天更加闷热。夜里，塘里的青蛙"咕哇""咕哇"地叫着，开始是一只，后来便此起彼伏。白天，我们看见一群一群的小蝌蚪，摆着黑黑的小尾巴、摇着黑黑的大脑袋，从塘的深处游到塘的浅处，又从浅处游到深处。母亲说，蝌蚪是青蛙淘气的孩子。秋天来了，榆树的枝丫上有了鸟窝，鸟窝一天天大了起来，小筛萝一样。这是一个已经开始凉爽的傍晚，太阳红色的光辉已擦着山顶在慢慢消失，山顶有很美的晚霞，晚霞擦抹着母亲很美的脸，我发现母亲的脸上流淌着一种很厚的温暖。

山坳里的男孩子在塘边用竹筐捞青蛙，捞上的青蛙用藕叶包好了烧着吃。他们还吃烧田鼠，也用藕叶包着。他们还常用石头砸蛤蛤蟆（学名蟾蜍），蛤蛤蟆长得很大，背上长满令人恐惧的肉疙瘩。

我非常害怕，母亲从小就不让我们看杀这杀那的，包括杀鸡。母亲希望我们长大了善良。这使我一直不敢看杀鸡，到老不敢弄死一只活鱼。买鱼时，总问："有死的吗？"小贩不理解，张几下嘴，不知怎样回答，因为小贩没有死鱼，只有活鱼。

天气越来越凉，风也大了起来，在山坳里回旋时发着一种响声。我望着老树枝丫上的鸟窝，问母亲："好高啊，妈妈！风一吹，会掉下来吗？"

"不会的，鸟的窝垒得很结实。窝里有它们的孩子，它们不会让窝掉下来的。"母亲抚摸着我的头，很大很深的眼睛里充满了爱怜。我和母亲一起望着蓝天下、枝丫间黑黑的一团，我们一起想象那高高的温柔，我们虔诚地为它们孤独的、风雨飘摇的幸福祝福。

最可恨的莫过于男孩子。一天，邻居家的男孩子爬到树上，用竹竿把鸟窝给捅了。当我看见那黑魅魅的一团从几丈高处往下掉时，我几乎晕了！我声嘶力竭地大喊着跑到老树下，看到的只是一团团摔散的用树枝、干草、羽毛和泥垒造的鸟窝以及几只血肉模糊的粉红色肉团。那是老鸟的孩子，还没有长羽！我的心被撕成了碎片！那一刻，我真想把男孩子推到树下的水塘里，让他死。母亲说："这孩子要遭报应的……"

此后，一个关于"窝"的战栗，包裹着我的魂魄，走过了很长很长的岁月。

长大后，我又去过那个山坳几次。我到水塘边找那棵老榆树，发现老榆树已被人伐掉，只剩下一个很悲凉的树桩。乡下的树已很少，我已很难看到儿时那样的大鸟窝。塘里的青蛙还"咕哇""咕哇"地叫着，小蝌蚪还是一群一群地在水塘边游逸着。我为这些青蛙和它们的孩子庆幸着，它们生活在离城里人较远的乡下，否则，它们早被送上了城里那些豪华酒店的餐桌。但我不知，它们还能幸存几年？

人类什么时候才能开始悲悯我们身边的另一类生命？这个世界原本是我们和它们共同创造……

精彩赏析

一粒种子，一只蚂蚁，都联系着一条小小的生命。种子努力冲破土壤的阻碍，充满了对生命的期待；蚂蚁一生忙忙碌碌，建巢寻食，抚育后代，即使它们的生命如此渺小和脆弱，也从未放弃过。自然界中万千种美丽的生命都在用力地活着，作为万物灵长的人类，是否有权利去任意剥夺这些璀璨的生命呢？这是作者在本文中所表现的最直接的呼唤。作者通过蟋蟀"比尔"、母狗"黄儿"和"水塘边的鸟窝"三个故事，深刻且真实地展示了每种生命的意义，痛斥无知的人类对其他生命的不尊重和不友好，呼吁人类悲悯、善待身边的另一类生命，因为这个世界是人类和它们共同创造的……

贺坪峡印象

当你读到一篇游记散文时，作者的游感、游思、游趣能否感染你，这是判断这篇文章是否充满魅力和独特艺术美的关键。所以，你学会如何写作游记了吗？

我从没有看到过这般可怕的昂扬——

当你战战兢兢地来到它的脚下，仰望它耸天的巍峨时，你会清清楚楚地觉出自己小得如它脚下的一块卵石。天空像一块窄窄的铅板，严严实实地盖在它两壁的顶上。那正在合拢的两壁就像巨鸟扑翼，仿佛要遮盖整个世界，把你像小鸡一样抓起来，悬挂在宇宙间。脚下一片深渊，无可攀扶，无可呼救……

这便是拔地而起的太行山里的贺坪峡。

我惊恐地走过它窄窄的峡谷，冷风呼呼地作响，浑身的汗毛一根根竖了起来，我只感到，这和地面成 70 度倾斜角的两壁，兴许一个炸雷，它们就会惊天动地般坍塌下来。

黑暗的覆盖铺天遮地而来，我无可逃遁地将被埋葬，被吞没，

75

被变作亿万年后的人化石！无援的绝境使我觉得百倍地需要天空，需要光明，需要拯救，需要大喊着冲出这个冷峻的世界……

这便是巍峨耸入云天的贺坪峡！

这便是无法用文字表达，只能用心去体察的贺坪峡！

突然，前面亮了起来，路宽了起来，一帘飞珠碎玉般的瀑布从70米高处的断崖上飞泻而下。绿茸茸的苔藓、嫩青青的水荠草铺盖住刀削般的崖壁、壁脚，一汪深深的绿潭……气温似乎突然从酷暑下降到了秋凉。我双手拢在胸前，想到一个阴森的龙的世界……

人们告诉我，这瀑布的源头，这70米断崖的上面还住有人家呢！

这时我的心立即被另一种惊奇所俘获，便不再迷恋这奇幻的崖壁、瀑和碧潭了。我的心开始在人生的断崖上跋涉……

很难说清，这断崖上的人家，这盘顶上的生命是以怎样的神秘诱惑着我。在这荒古的远代（我认为是荒古的远代），在这不会有生活的角落（我以为这里是不会有生活），他们怎样生活着呢？有人告诉我，断崖上面有三户人家，一个女人……一阵瞠目之后，我下了这样的决心：一定要去看看这个神奇的女人，这个深山里的坤魂，问问她，怎样在这原始般的野地度过一个女人的岁月……

前面就是盘顶人家了。

地里的土很黑很黑，玉米林长得很高很高，草烟叶长得很绿很肥……一片远古的乐土！突然，林深处传来一声轻轻的犬吠，就一声！很遥远，很轻柔。山里的狗儿也是这般地友好。右边，高高的崖壁的脚下，一带银链般的山溪，托着片片打旋的落叶，潺潺地静静地流过，流着山里古老的童话，流着断崖上70米落差的山瀑。

崖脚处，光光的青石板上，有女人在翻晒谷粟，灿灿的秋阳朗照，真真的画儿似的。崖壁上的黑山羊，静止得像黑石头，无声地啃着草稞子里的安逸。牧童儿坐在黑石头上，惊奇地瞭望我们，瞭望一个山外面的世界。

扛着木犁的男人从山道上抓着草稞子上来了，山道弯弯，留下了他们弯弯曲曲的日子……

盘顶人家有石板的屋顶，石板的墙壁，石板支起的锅灶，石板垒起的炕面，石板围起的牛圈……盘顶人家用山石砌就自己的安福。

盘顶人家，共一个曾祖，姓路。三代八户，26口人，11个女人（有几个女儿未出嫁）。人丁极兴旺了，谁说只有一个女人呢？

我的心豁然开朗。

嫁到这里的女人是山那边的晋地人。她们说，这里的土地养人，牛耕地种下粮食，牛驮着人来回，山路上的日子挺护人，比她们娘家那里好，就过来了。

嫁到这里的女人说，路家的曾祖在这里定居60年了，曾祖逃荒到这里时，这山上还没有一棵成形的树。眼前，这坡上坡下，这山前山后，茂茂盛盛的林子是老祖宗留下来的富足呢。闹大饥荒那几年，凡路过这里的晋、冀人，他们都管饭，都留宿，救活了好多好多的逃荒人。

嫁到这里的女人又说，她们哪里也没去过。她们要摘山柿子，要打毛栗子，要收山核桃，要种每人承包的两亩地，地里的庄稼很喜人。她们要给男人、孩子做衣服、做鞋，她们还要自己宰羊，给羊剥皮。有时忙起来，几家人要在一起吃饭，一顿要包十几斤肉的饺子……她们说，一忙就什么也不想了，不想城里，也不想娘家，不想山外边的事情。她们说，自己的日子自己过。

嫁到这里的女人还说：她们的男人很苦，要到很陡很陡的山下背庄稼。路大的兄弟就是背糜子上山时摔到崖底死了的，兄弟的媳妇改嫁到山外边去了，兄弟的两个孩子被路大的媳妇收养了。路大的媳妇心眼好，养着5个孩子，还养着80岁的婆婆呢！婆婆的婆婆也是路大的媳妇养老送终的。路大的媳妇是个40岁的善良女人。40岁的女人很懂得山里的岁月，很懂得婆婆、丈夫和孩子。路大很有福气呢！

路家80岁的奶奶很有福气，她有一大群孝孝顺顺的媳妇；

路家的男人们很有福气，他们个个都有朴朴实实的女人；

路家的孩儿们很有福气，他们都有善善良良的母亲……

从盘顶的悬崖上走下来，再看到贺坪峡时，便有了崇高的瞻仰，便有了喜气的顾盼，便有了自尊自信的勇气，便有了磅礴、浩然的灵性……

在贺坪峡的出口处，山里的另一家媳妇为我们浩浩荡荡的一群人煮了红豆稀粥——她知道我们下山时一定口渴，就煮了稀粥，我们并没有让她这样做。45人喝了人家5桶水煮出来的两大锅红豆稀粥后，回眸再看贺坪峡，便有了许多女儿的温柔、女儿的厚朴。

倏忽心里就想：这耸云拔雾的贺坪峡，便像太行山巍然的媳妇们，便像太行山粗犷朴秀、自由而自为的媳妇们！

贺坪峡，你是太行山里有野性美、本色美的女人啊！

精彩
——赏析——

　　本文是一篇游记。作者依着自己的感觉，犹如用画笔作画一般，将自己接触到的景物淋漓尽致地展现在读者面前，这种写作游记的手法，既能生动、富有感染力地体现作者在游历过程中的所思所感，还能引起读者共鸣，吸引读者进入作者所描绘的特定自然氛围和情境中，增强读者的"游趣"。本文作者先是极度渲染了贺坪峡"昂扬""冷峻"的自然画面，将读者引入贺坪峡这样的自然氛围中，在感叹自己渺小、无助时，突然"画风"一转，将读者带进了对"山里世界山里人情"的感叹和"瞻仰"中。作者详细地描述了山里人的古朴、善良和顽强，对大自然的开垦和共处。前后"画风"的变化，形成了强烈的对比，更加突出了在贺坪峡这样"荒凉险峻"的地方。生活在这里的人们，作者重点描述了山里的女人，他们以自强不息、善良顽强的心灵，坦然地创造这生命的奇迹。作者没有渲染山里人的苦难，反而以同样淳朴的内心来传达山里的幽谧、古朴和灵秀。这种艺术写作令读者读来更加感同身受！

迁徙的故乡（节选）

🌸 **心灵寄语**

> 当你长大，背上行囊，远离了故乡，才明白乡愁是一番怎样的滋味；当你离开故乡，再无归期，才会无数遍回忆故乡的春夏秋冬。

每次回故乡，总要和家乡的朋友们站在堵河口，远眺静躺在汉水中央的韩家洲，心中便每每升起一种莫名的惆怅和忧愁。

这座被汉水四面围拢的江中小岛，以其两千多年的历史，把古老和神秘一起编织成一帕面纱，雾霭袅袅地笼罩着这片千年的土地。然而，南水北调中线工程，将结束这里的一切，包括姓氏与生命的密码，包括千年的纤夫文化，包括古陶、剑镞，包括秦砖、汉瓦……

2009 年端午节前夕，我随故乡的几位朋友一起登上了韩家洲。

那天，大雨如注，江面雾霭蒙蒙。在村支书的引领下，我们登上去韩家洲的船，船在汉水的江面上，犹如一片飘零的树叶，摇摇晃晃。渡船行驶到堵河对面的河滩，我们从船上跳下来，便踏上了韩家洲的土地。

也就是那一次登临，我们发现了韩家洲人世代传唱的《汉江号子》，当洲上几位古稀老人为我们唱出那悠长、深沉、高亢的音符乐律时，我们仿佛走进了一个千年的沧桑、千年的劳苦、千年不衰的生命的创造与传承。

也就是那天，我了解到韩家洲上的 109 户家庭都姓韩，而且他们固执地认为他们是汉代韩信的直系后裔。虽然他们没有什么证据，但他们把家族在此地的居住史追溯到了汉代，不得不耐人寻味。他们还固执地认为，洲头那座庞大的、高出地面数米的圆土堆是韩母陵。

历史活在历史的典籍里，更活在世世代代生命的传承和记忆里。

同样是在那一天，我知道这千年小岛上世居的 480 多人，要因中线调水全部迁出，韩氏家族将迁往湖北随州——2009 年刚建立的、湖北省最年轻的地级市。

韩家洲在忧伤、愁苦。两千年的家园、两千年的文化、两千年的根脉啊！

离开韩家洲时，雨还在下。乘船过汉江，站在堵河口，回眸再望雨中的韩家洲，我突觉眼前那苍茫朦胧的古岛犹如一位白发千丈的母亲，静静屹立在江中，为她就要启程的儿女们祈祷平安、幸福。

2010 年 6 月 16 日，是韩家洲人在故乡度过的最后一个端午节，8 月桂花飘香的时候，他们就要远迁了。我和家兄特地赶往韩家洲，我们想在那里重温童年的欢乐——汉水边长大的孩子谁没有童年在江边看龙船赛的记忆？

这时，只见清澈蓝绿的江面上锣鼓喧天、彩旗飘舞、龙船竞渡，沿袭了数千年的原生态龙舟赛在堵河与汉水交汇处、在 6 月的阳光与水光的交融里快乐举行。

此刻，呐喊声在水上震荡，生命的激情在江面飘拂。

蹲立在岸边、山头、树林、房顶、路边的成千上万的观众，头顶骄阳，欣赏着这场民间原始的赛事，分享着生命本真的快乐。

男人和小孩们已热得赤胸裸背，没牙的奶奶、婆婆们也眺望着江面笑得满面春风。

只有在此刻，所有的韩家洲人才忘却远迁的忧愁，把最后的欢乐沉浸于这片土地。

明年端午节还能划船吗？

站在汉江南岸的码头上，我久久遥望着对岸的韩家洲，遥望江上船上的汉子，回身再看身边韩氏人家的奶奶、婆婆们，一种莫名的忧伤和感激倏忽涌上心头……

到了随州，没有了这岛、这水、这龙舟，韩家洲人将怎样面对？没有了汉江号子，没有了传说和故事，没有了图腾般的盛会，韩家洲人精神里还会深藏怎样的记忆？

两个月后，韩家洲人开始搬迁。

时近中午，包保工作队员给移民们送去午餐，移民们迈着几近沉重的脚步踏上过江的船。他们手捧着饭菜，没有一个人开始吃，齐刷刷地抬头望着韩家洲，望着各自的土墙老屋，望着洲头上他们顶礼膜拜的韩母陵，望着岛上的一草一木……

少顷，20多条装满移民物什的机船一齐开动马达，然后依次慢慢离岸，朝下游渡口开去。机船越行越快，马达轰鸣，破浪而去。江水掀起的波澜，轻轻拍打着韩家洲江岸的崖壁，仿佛是在安慰这片即将孤寂的岛屿。

随着一阵长长的汽笛声响起，岸边 20 余艘大型铁船满载着 483 名韩家洲移民，一字排开，浩浩荡荡地向汉江对岸驶去。

别了，我的故乡……

别了，千年的韩家洲！

韩家洲从此不再有人烟，江中小岛从此开始沉寂。唯有韩母陵在岛上永远高高地耸立，唯有那白发千丈的母亲在江水中作永远的守望。

两年前，韩氏家族已经开始着手编纂家谱，搬迁前，他们已经拿到了前六十代的家谱。将来无论走到哪里，从韩家洲走出去的韩氏后人，都能够按照辈分找到亲人。

永远的韩家洲啊！

陡坡村尽头，一位老人，安静地半倚在自家破旧的土房子门口，沟壑般的皱纹见证着远去了的沧桑岁月。

门口的院子里放着一张床，还有一些盆盆罐罐。摇摇欲坠的房子里，一口锅孤零零地架在灶台上，一张长满霉斑的方桌在光线不足的角落里显得凄凉无比。

"老爷爷，你家的东西全部上车了吗？"有人上前问道。

老人只是摇头，一脸泪水，不予回答。

再三追问下，老人终于开口说话了。

"走了就回不来啦，回不来啦……"两行泪珠从老人苍老的脸上滚下来，他只是反复念叨着这一句话。

村支书说，老人名叫张富山，今年 75 岁，是一位孤寡老人。

他自小在这里出生、成长，从来没有离开过陡坡村。如今，为了南水北调国家大事，却要在古稀之年背井离乡，对故土难以割舍的痛苦折磨着这位老人。

饶祖铺村92岁高龄的董同秀也要迁徙了。

董同秀12岁进入饶祖铺，在81年的生涯中，她与这块土地生死相依。背井离乡的那一刻，老人眼眶里噙满了泪水，一直抚摸着她的红木棺材不肯离去。

家人劝她，说棺材就不要搬走了，因为安置地天门市早就实行了火化，把寿木搬过去根本用不上，还不如卖成钱贴补生活。

可老人坚持要把她的棺材一同搬走。她唠叨着说，身子骨老了，这一去就永远回不了饶祖铺了，棺木都是用饶祖铺的木料做的，死了睡在老家的棺材里，才算真正的叶落归根，才算回到了饶祖铺老家……

最后，老人亲眼看着自己的棺材被抬上了搬迁运输车，这才抹一把眼泪，让儿子背着登上了远行的汽车……

古时有将军"抬棺决战"，留下多少"壮士一去不复返"的悲壮故事；今有我故乡的移民"抬棺远行"，蕴含着无尽的感伤、苍凉和悲情。

84岁的张奶奶特意让儿子砍了一根竹子，用竹篾编成三间正屋和一间猪圈屋的框架，然后用白纸糊成房屋的样式。搬迁前一天的黄昏，白发苍苍的张母把一家5口人带到祖坟前，放上供品，点燃香烛，趴在坟头哀哀地痛哭：老头子啊，你晓不晓得，你的儿孙都要搬迁到很远的地方啊！清明节、寒衣节，再也不能来给你上香磕头了，我也不能来看望你了……

张奶奶哭得肝肠寸断。

儿子赶紧上前扶住母亲，儿媳和两个孙子哭着点燃了"纸糊的房子"，一家人齐刷刷跪下，望着寒风中吱吱燃烧着的火苗，泪如决堤的江水……

"纸房子"很快烧完了，变成了一堆灰烬。突然，一阵风吹来，灰烬旋转着腾空而去……

坟前的人，望着渐飞渐远的灰烬，再一次泪落如雨。

儿子站起来，把全家人的钥匙一一收在手中，然后在坟墓上掏出一个泥洞把钥匙全部放了进去，小心翼翼地掩上泥土。

爹啊，我们要走了，土地要淹了，房子也拆了，剩下几把钥匙给爹留下做个纪念，这是爹爹辛辛苦苦创下的家业，还给爹了……

儿子一边埋着钥匙，一边揩着流不尽的眼泪。

爹爹，我们走了！

爷爷，我们走了！

老头子啊，你在这边等我啊……

儿子一挥袖子，擦干眼泪，站起身搀扶起母亲，带着一家 5 口走向停在村口的搬迁车队……

为了干渴的北方大地，丹江口库区 37 万移民已经迁徙完毕，3000 里汉水就要进京。仅以此文告慰我的故乡，也告慰我自己那颗无法告慰的心……

精彩
——赏析——

2017 年，梅洁的作品《迁徙的故乡》获得"孙犁散文奖"（以散文大家孙犁冠名的文学奖项）。颁奖典礼上，这篇作品的颁奖词为："《迁徙的故乡》是梅洁告慰故乡的赤子之歌，既是歌咏，也是歌哭；既言志，也言史。"本文节选自《迁徙的故乡》，作者先是用一句话"历史活在历史的典籍里，更活在世世代代生命的传承和记忆里"总结了韩家洲千年的历史和文化，而后转折——韩家洲的人们要离开故乡了。"那苍茫朦胧的古岛犹如一位白发千丈的母亲，静静屹立在江中，为她就要启程的儿女们祈祷平安、幸福。"作者这样一句感叹，让人不禁潸然泪下，故乡和人是相互依恋、难舍难分的。人们在故乡过完最后一个端午，便要永远离开故乡，再无返期了。"别了，我的故乡……""别了，千年的韩家洲！""永远的韩家洲啊！"作者一句句的感叹和呼喊，将韩家洲人对故乡的不舍深刻地刻画出来。最后作者用三位老人的故事，更加深刻地说明故乡对人们的意义，进一步表达了人们迁离的故乡的无奈和难过。作者通过这样真实、感人的描述，更加表现了人们对祖国热爱、尊重和支持，将家国情怀淋漓尽致地表现在文中，令读者难过、遗憾、感动、瞻仰！

那一脉蓝色山梁

　　"这世间最纯挚、最宏大、最无瑕的爱唯属母爱了!"珍惜母亲在身边的每个日出和月明吧,莫待"树欲静而风不止,子欲养而亲不待"。

一

　　不知那一脉蓝色山梁有多高,不知那一脉蓝色山梁有多远。哀思如一缕淡淡的云,绕山梁忧忧地飘呀飘……

　　啊,母亲,母亲的山梁!

　　一丝丝夜风低诉着,一把把清泪滴落着,山顶的月碎了,凄凉如水。

　　含泪望母亲的山梁,山顶的月碎了……

　　扬一扬手吧,母亲!在你高高的山梁上,扬一扬手……

二

　　我总说四月是春天,我总说四月在故乡很温馨,我总记着四月在母亲的山那边有洋槐花飘淡淡的清香;我总想母亲在四月微笑地

87

走进丝瓜架缠绕的、木槿花纷呈的、莲藕腊菜笼盖的季节；我总想母亲在四月站蓝色山梁远远望帆，望女儿从江那边归来。故乡四月的风吹拂母亲的浓发，在蓝色山梁高高地扬……

可母亲，你为什么在四月的温馨里突然地走了呢？你不该在四月就孤寞地颓然倒下啊！

家兄急电催我匆匆上路。三千里北方南方，太阳苍茫、月亮苍茫、心苍茫啊！抬头望车窗外蓝色天白色月我高高祈祷：母亲，你等我啊！

三

仓皇 48 小时回到了故乡。母亲，你为什么不等我？

硕大的帆布篷在母亲的屋前搭着母亲的灵堂。母亲，你再睁开眼看看我！

乡亲们打开棺木说还没有"合口"，为的是等我们归来和母亲见最后一面。

狭小的粗糙的棺木挤紧了我的母亲。那苍灰的卷曲的花发，那高高的宽阔的额，那紧闭的坚毅的唇……

醒来，我的母亲！

那光明朗澈的眼睛在哪儿？那如春的光辉灿烂的笑在哪儿？那扬一扬手就有一片流向我们的暖色光在哪儿……

起来呀，我的母亲！这粗糙的、狭小的鬼地方何以能容你的宽厚、你的豪爽、你生生息息的劳苦？我母亲宏大的、无边的、细致的感情原本在滚滚流淌，何以凄凉的寂寞的被堵截在这里？

坐起来！坐起来！！坐起来！！！我的母亲！你说过了四月五月你到北方去。你起来，我们走。去北方，不去那鬼地方……

我号啕着摇撼着这漆黑的什物。

这漆黑的什物你凭什么只发出一阵阵阴冷的怪笑？

母亲嘴角有血……

四

淡淡的月从蓝色山梁那边悲哀地升起，远处高楼里如魂的灯光孤寞地灭了。我和小妹凄凄地相依守护着母亲的灵，悲苦的泪如注地浸冷了四月的夜。几十幅挽幛在四壁垂挂诉说四月的伤心……

乡下的亲戚来了，乡下善良的农民来了。母亲随负荆的父亲在乡下度过了漫长的岁月；漫长的7200个日日夜夜，乡下人没有忘记母亲。

夜，很深重很深重，淡淡的月从榆树的叶隙里寂寂的洒下。善良憨厚的乡下人曾经给予了父亲和母亲生的希望，如今，他们又从遥远的山那边赶来抚慰母亲的亡魂……

含泪向真朴善良的乡下人道一声珍重！

含泪向人类美好的感情道一声珍重！

这世上的至善还该有什么呢？

五

四月如泣的风在母亲的灵前流淌。

再给我说一支山那边的故事呀，母亲！山那边孔雀飞起的地方女孩子变得都很善良都有出息，山那边太阳花盛开的林子里有一条白色路，走过白色路就是太阳升起的地方……再给我说一支山那边的故事呀，母亲！

我真的考上了山那边人们景仰的中学啦，弟弟却没考上。你搂着悲伤的、可怜的弟弟在灶膛边哭了多久！然而，你却已不能为我拿出5元的报名费和每月7元的伙食费。父亲被牢牢钉在"耻辱"与苦难的十字架上已没有工作，只靠每日到30里地外的黑石山上挑炼铁的黑石头养活我们兄妹，父亲一次挑180斤！我不知苦难的父亲何以从知识的讲坛上刚刚走下来就能承受这般的劳苦！我小小的心被父亲巨大的力量震撼着、鼓舞着。母亲，你却每日在哭。为父亲的屈辱，父亲的苦难，也为我们兄妹四人每天小雏鸡般碗里望着锅里，锅里望着碗里，你喂不饱我们你的心被泪水淹渍着。

后来，山那边要搬迁一座即将被江水淹没的古城，你挖土方去了。母亲你去了。

许多年过去，总也忘不了母亲在深深的土壕里弓身挖土方的颤动的身躯，总也忘不了母亲那被汗碱一圈一圈满满淹渍了的蓝衣衫，总也忘不了昏昏的月下，母亲担着土筐扛着镢头从蓝色山梁恍恍地归来……

许多年，许多年……总也忘不了母亲从枕下拿出2元纸币让我去学校先交10天伙食费时的惆怅；总也忘不了母亲在十分拮据的日子里竟用昂贵的14元钱买来已故赵爷爷的一条黑布大裆夹裤，黑布夹裤裹着母亲无望的泪水送我到江下边的哥哥那里念书。

"……天气快凉了，到了冬天把夹裤拆开缝成棉裤……到哥哥那里好好念书……"清冷的大江流淌着母亲清冷的泪水。

总也忘不了！总也忘不了！！

这世间最纯挚最宏大最无瑕的爱唯属母亲了！

何样的爱能与母亲的爱更至善更无私更永恒呢？

六

蓝色山梁寂寞地孤立，父亲的坟茔已爬满青藤！

傍着父亲的坟茔，我们和乡亲们一起掩埋了母亲。一隆冷土和父亲的坟茔接为一体。

一铲铲黄土培在了母亲的坟上，一把把清泪落在了母亲的坟上。我突感心碎欲裂！我何以变得如此残酷！竟用这冰冷的黄土把母亲窒息在另一个世界！倘若母亲活着，我会为母亲的新屋添砖加瓦起椽架檩，那是何样的幸福，何样的慰藉？可现在，我却将一铲铲冷土拥在母亲身上，我在干什么？我恨不能扒开这地狱之门还我母亲的笑面，我怆然扑倒在母亲的墓碑上，蓝色山脉怆然旋转……

母亲活着时，尽管天涯海角，尽管十年八年，女儿归来故乡偎母亲床边总可以再做一番女儿，此后呢？生之匆匆死之匆匆，苦之楚楚累之楚楚，我到何方再觅母亲膝下的这份浓福？

谁能再给我这劳顿的心以无边的抚慰？

七

回我的北方。回我几匹长风几抹沙梁的北方。

回眸再望母亲的山梁。母亲的山梁如愁苦如悲恸高高耸立。

华哥痛苦地说几十年都未能让母亲去和他住几日，明弟泪水涔涔说失去了母亲，他的家失去了支撑，失去了母亲才懂得了母亲、理解了母亲，小妹攥一张汇款单悲恸号啕，她这个月寄给母亲的钱竟在掩埋了母亲之后才汇到，母亲在最后的日子没能享用小妹的这份孝心。我忽也想到我的自私、我的不懂事，我何以在父亲受难的年月让母亲南方北方地走了 5 年……

回眸再望如悲恸如愁苦的母亲的山梁，我问我自己：为什么失去了才感到真正的存在？为什么失去了才感到追悔莫及？为什么失去了才知道应该珍视？这混沌人生心灵的慰藉究竟还应该有什么？

回眸再望母亲的山梁，深重地想：在我生命勃勃的年月，我将加倍珍视人世间的一切美好。珍视友谊珍视感情珍视尊重，我定以涌泉之心报人于滴水之恩。需要我做的我生前都做好，倘若生前做不好生后何以补偿？这世上最不能欠下的是感情，我脆弱的女儿的心何以能欠下世间什么？

八

含泪再望母亲的山梁，山顶的月碎了，凄凉如水。

扬一扬手吧，母亲。在你高高的山梁上，扬一扬手……

精彩赏析

本文作者细细痛说着母亲如何承受着全家的苦难，以弱小的身躯每天去挖土方以养家糊口："许多年，许多年……总也忘不了母亲从枕下拿出 2 元纸币让我去学校先交 10 天伙食费时的惆怅……"，为了更准确地表达突见母亲去世的心理感受，作者连声地呼喊："坐起来！坐起来！！坐起来！！！我的母亲！"这呼喊字眼儿简单，情感却非常饱满，使人能深刻感受到作者的痛苦、不舍和遗憾！作者用"蓝色的山梁"来表达母亲的伟大，"蓝色"更是体现出母亲逝去后，作者深深的哀思。文章的开头和结尾相互呼应，"山顶的月碎了，凄凉如水"，说明母亲逝去，作者心灵的慰藉和精神支柱断了。"扬一扬手吧，母亲。在你高高的山梁上，扬一扬手……"，作者从始至终的呼唤，表现了她对母亲无尽的眷恋和爱！

英国青年乔治来访

💠 **心灵寄语**

　　南水北往，一路风景，一路希望。如果你知道了这三千里北上的汉水里流淌着多少鲜活、悲壮的生命信息！相信你会珍惜这来之不易的爱与奉献的水滴！

　　手机铃声响起，跑步接听，一中国青年（我多半能从电话里辨别是青年还是中老年）男性的声音响起："梅老师，我叫奚海鑫"，我一般不注意陌生人姓名，我当时并没听清对方叫什么，知道这三个字怎么写，是以后才弄清的事情。

　　"我有一个英国朋友想见您，想听您说说南水北调的事情……"海鑫继续说。

　　听此，我顿时开始犹豫：自《大江北去》一书出版，几年来，不断有国内外人士找我访谈，有官方媒体也有民间组织，他们来了走了，走了来了，我从不记他们叫什么，也不问访谈结果。据说，他们有的回去一版一版发文章，有的以此书背景去申请国际援助项目……可我不知道，没人给我反馈。要不要答应这个访谈呢？正犹豫着,海鑫继续说:"我们是张忠民老师介绍的,他让我们找您……"

一听"张忠民"的名字,犹豫顿时释然,张忠民是中国河北绿色知音环保协会负责人,河北经贸大学青年教授,我们在一起做环保多年。于是,我愉快地答应海鑫,同意来访,并约定了时间。

上午9点40分,海鑫他们来了,开门见到的海鑫清瘦颀长,足有1米80的样子,后面跟着进来的英国人年轻得令我吃惊!金色的头发、粉白的面孔让我觉着他还是个孩子。如同北京街头常常看到的外国人那样,他背上背着沉沉的行囊,但他手中多了一副摄像机三脚架。

我给"孩子们"切了西瓜,沏了家乡的绿茶,摆上了北京大虾酥和美国腰果。

英国青年有点儿感冒,不时用纸巾拭鼻涕。

访谈开始,海鑫做翻译。他介绍他的英国朋友叫George,他说就叫他乔治吧,他的姓很不好翻译。他说乔治在英国伦敦一所大学修满了经济学、新闻学两个学位,今年刚毕业,他来中国想了解一下南水北调的情况。接着又介绍他自己,他是东南大学大一学生,开学升大二。我说你英语说这么好!能做翻译!好多学生大学毕业了也做不了这些事情。海鑫说他高中时英语就学得好,这次暑假义务为乔治服务,正好再练练自己的能力。又说乔治是他姐姐的老板的弟弟的朋友的儿子,一长串的定语让我们忍不住笑了起来。乔治肯定听不懂,但他也跟着我们笑。

乔治问了许多问题,比如:

你诞生的那座城市叫什么名字？我用拼音给他写出了"湖北郧阳"，他问那座城市什么时候沉没的？为什么沉没？

他问丹江口大坝什么时候修建的？为什么要 10 万人修 10 年？为什么南水北调中线工程长达 50 年？

他问 20 世纪移民与这个世纪移民有哪些不同？与其他国家有什么不同？他问南水北调中线工程 20 世纪已移民 48 万人，这次又有多少移民要迁徙？

他问中线工程原定 2010 年给北京送水，为什么又推移到 2014 年？对北京有什么影响？

他问北京水资源量是多少？中线实现调水后，每年给北方送多少亿吨水？给北京多少？够不够北京用？

他问把汉江截断给北方送水，汉江自然生态受不受影响？

他问北方为什么不节水，如果节水不调水行不行？

他还问了许多。看来，乔治是有备而来，他带着一本我的《大江北去》，他不懂中文，但他肯定从张忠民教授那里咨询了这部书的许多内容，他的问题实际而要害。他还备有一张填写着各类数字的表格。

我惊诧这个第一次来中国的英国青年，提出了许多资深记者都没有提出的问题。我惊喜乔治来访之前认真做了功课。类似乔治的提问，我也曾先后遭遇瑞典青年和美国纽约时报记者以及法国一家电影导演的穷追猛问。感谢《大江北去》长达两年的调查采访和写作，对乔治他们提出的问题有许多我能对答如流，但有许多我也只能黯然失语。比如"为什么推迟 4 年调水？对北京有什么影响？"又比如"如果节水不调水行不行？为什么北京人不节水？"我是回答不好的。

最后，乔治让我描述一个预言：如果不节水也不调水，10年或20年后，北京这座近2000万人的千年古都将是一个什么境况？

我说乔治你在新疆的沙漠里（乔治到北京前去了新疆的沙漠）看到了楼兰遗址吗？3000多年前的楼兰，也曾有环境学专家向国王建议对"砍树者"实行"罚马""罚牝牛"，当国王将此建议晓谕臣民时，一切都已晚了，沙漠、狂风、干渴已开始疯狂地吞噬楼兰。楼兰人来不及种树了。我们完全可以想象，曾经"马蹄哒哒，驼铃声声，商贾使节络绎不绝"、处在古丝绸之路上的楼兰城的富裕和繁华；我们同样也可以想象，当沙暴卷来并湮埋这座城市时，无处逃生的楼兰人的惊恐与绝望。

一切繁荣倘不以坚固的生态平衡为基础，倘不以生命之本之根的水资源可持续利用为基础，那么繁荣是绝对靠不住的，一阵黄风就能刮走。

访谈一直进行到13点，乔治的情绪一直很亢奋，访谈结束时，我发现乔治的感冒好多了，几乎不拭鼻涕了。起初，他因不断擤鼻涕而要不断用茶桌上的抽纸巾曾向我表示歉意。我一挥手一笑，抹去了他的歉意。

我请海鑫、乔治在小区外一家烤鸭店吃烤鸭。乔治说他要请我。我说你几万里迢迢来中国了解中国水问题，你是贵客，我必须请你。

吃饭时，一盘用白醋、蒜泥、香油凉拌的酱肘子，让乔治欢喜异常，连说"好吃！好吃！"饭间，乔治告诉我：烤鸭是全世界他最爱吃的一种食品。他不会用筷子，鸭肉蘸酱、卷饼时，他总是夹不起来，我不得不一卷一卷为他做好这一切。乔治夸奖我：你肯定是一个细心的母亲。

乔治说在伦敦中国餐馆的菜最好吃。还说他是第一次来中国，对北京印象很好，比来之前想象得好许多。我问他什么地方好，他说人好，热情。又说北京地铁好，又新又便宜。我问伦敦的地铁怎么了？乔治说，又老又旧又贵，乘车比北京贵两倍。

饭间，通过海鑫的翻译，我了解到乔治的更多：2008 年的奥运会在北京举办得很成功，2012 年的奥运会主办城市是伦敦，乔治和他的几位朋友自费来中国考察，期望能获取一些什么，以便能为自己的城市做些事情。他和朋友们先是在新疆进行沙漠马拉松运动，他们用 6 天时间在塔克拉玛干大沙漠里跑了 150 公里，之后来到了北京。

我听后惊叹万千！

在北京参观旅游期间，他听说北京是个十分缺水的城市，人均水资源量不及阿拉伯沙漠国家的一半，作为新闻记者专业毕业的学生，他就又开始考察北京水问题。为此，他曾到达河北省的保定和石家庄两市，沿中线调水工程作了 5 天的行走、访问。这期间，他们得到了张忠民教授的帮助。他说他喜欢北京，他担心这么大的北京没水怎么得了！

我听后感佩万千！

乔治当年高中毕业后没有急于考大学而是走向社会：他用一年时间去了新西兰、美国、南美、印度，而所花费用全是自理——他先在新西兰一所学校教小学生足球、橄榄球，挣了 10 个月的工资使他有资本走了其他几个国家。

乔治是 6 月 14 日到达中国，将于 7 月 31 日回国，我以文化差异造成的愚蠢问乔治：这么长时间中国行要花很多钱，父母要资助你多少路费？乔治回答说不能让父母出钱，说他在英国贷了相当于 10 000 元人民币的"学生贷款"，回国工作后还贷款。我问他 10 000 元够不够中国行？他说已经超了，但比在英国已便宜很多。

海鑫告诉我，他陪乔治游颐和园时，乔治看到昆明湖上泛舟点点，人们欢声笑语，快乐异常。而乔治却忧心忡忡地问海鑫："北京这么缺水，只够用几年，他们怎么一点儿也不犯愁呢？"

我听后望着单纯的乔治许久无语，之后笑了，之后我沉思万千！

怎么回答你呢，乔治？

2011 年 5 月 16 日，我随中国作家采风团赴中线调水源头采风，车经鄂豫两省边界时，国务院南水北调办宣传处处长杜丙照突然从前排座位上站起，然后转身望着我们全体大声说："北京水务局已向外界公布，北京人均水资源量只剩 100 立方米了！"说着，他举起了手机，"我刚接到这条短信，就有 8 个要求采访的短信打进来。看吧，用不了多会儿，我这手机就会被打爆……"

杜丙照还在说什么我已不在意，我在异常沉重地想这"人均 100 立方水"。这是一个多么恐怖的数字！

6 年前的 2005 年我采写《大江北去》一书时，北京人均水资源量是 280 多立方米，仅仅 6 年，就锐减了三分之二！而国际标准是人均一千立方水就是发展极限，人均 500 立方水就是生存极限，而人均只有 100 立方水的北京还在着劲儿发展成为国际化中心城市，近 2000 万人还在无忧无虑地消费水；人均 8000 立方水的美国、人均 88 000 立方水的加拿大依然在 90% 地回收中水，依然在发明"雾水收集法"，而几亿人寄居的中国北方、几千万人寄居的北京，却难以使用中水，用从几百米深的地层下抽出的宝贵的饮用水冲厕所、洗车、浇草坪打高尔夫球、冻冰凝雪造人工滑雪场……一个高尔夫球场、一个滑雪场用的水是几百个家庭一年的用水量！

十多年前，国家水利部前部长汪恕诚先生就说，90 万眼机井已将华北地下水几近抽干，北京公主坟一带的地下水已打到了基岩，打到基岩的概念就是地下水一万年都难以恢复；华北几百万人因喝深井抽上来的超标准高氟水而经受着氟骨病的折磨：黄牙、牙齿脱落、骨质疏松、驼背、腰腿变形而失去劳动能力；华北沿海地区因超载地下水而地面在沉陷、房屋在倾斜、道路在开裂、海水在倒灌……

他们为什么不节水，为什么不发愁？怎么告诉你呢，乔治？

我想，也许他们是不知道，不知道他们干渴的处境。

他们不知道楼兰人逃遁时的恐慌与绝望，他们不知道他们正如一条鱼搁浅在沙滩，痛苦与挣扎即将来临，他们不知道只剩 100 立方水的概念是怎样的一种生存危机。

他们不知道在我的故乡、在中线调水源头，为了给北方解困水危机，正有几十万百姓在含泪告别家园，正有几百万人在为这告别与重建生死鏖战。

他们更不知道中线调水经历了 50 年，50 年里我故乡的父老乡亲所经受的艰辛和磨难。

不知道 90 岁的老爹爹怎样被担架抬着开始了迁徙；不知道我的乡亲们离别时把家门的钥匙埋进亲人的坟茔而后告别的伤痛；甚至不知道调到北京的水是汉江水还是长江水？

不知道不能成为他们穷耗水资源的理由。乔治，你说得对。

为什么不让他们知道呢？乔治你问得好，可我却回答不好。

19 年前我写《山苍苍，水茫茫》，6 年前我写《大江北去》，现在我写《汉水大移民》，无论过去还是现在，我写书只是含着一个心愿：就是想让人们知道。

这个心愿很卑微。

我想知道了，就会明白这 3000 里北上的汉水里流淌着多少鲜活、悲壮的生命信息！

我想知道了，就会珍惜这来之不易的爱与奉献的水滴！

我想知道了，就会懂得被泪水、汗水、血水浸染的心！

乔治，我知道你想知道这一切，仅此——

谢谢你了，亲爱的孩子……

精彩
—赏析—

　　首先通俗地介绍一下何为"南水北调"——南水北调工程，旨在缓解中国华北和西北地区水资源短缺的国家战略性工程。我国南涝北旱，南水北调工程通过跨流域的水资源合理配置，促进南北方经济、社会与人口、资源、环境的协调发展。再简单点就是把南方的水通过水利工程转到北方来。本文作者通过记录英国青年乔治的来访，侧面体现一位外国青年对"南水北调"工程的关心，以及这项工程的意义，比如对北京解决水危机。作者用声声呼唤，说明这项工程的伟大与牺牲，呼吁人们"珍惜这来之不易的爱与奉献的水滴"！体现了作者对这项祖国伟大工程的赞颂和对人们珍惜水资源的期盼！

房陵与《诗经》

　　文化是一座城市的精髓和灵魂。房陵，一座被《诗经》文化浸润的城市，一片肥沃而神秘的土地，传承着千年的文化，独特而神奇地存在着。

　　所谓"房陵"，即巴山山脉中的一片广阔的盆地，峰峦叠嶂的大巴山宛若房屋墙壁般围拢着这一片肥沃而神秘的土地。相传4000多年前尧的儿子丹朱被封为房邑侯来到这里，丹朱为儿子取名房陵，舜就封这里为房子国，这是"房陵"来历的一种释义。春秋时期，房陵的周边与秦、巴、楚三大国和庸、麇、邓等小国相邻，这些国家的文化在这里融合，构成了房陵文化的多元与独特。

　　应该说，房陵文化中最基本的内涵是神农文化。神农氏在鄂西北这片古老的土地上"斫木以耜，揉木为耒"，开创了农耕文明，在神农架搭架采药开创了医药文明。3200平方公里的神农架有2/3在房陵辖区内，始于房陵的农耕文明和草药文明对中华文明产生了根本性影响，数千年的农耕文明养育了地球上一个庞大的民族。而草药文明使中华民族从蛮荒中一步步强健地走到了今天。至今，在房县一些民间医生把祖传的草药医术传承得炉火纯青，也把草药文化传承得至善至美。

也有学者认为：在房陵文化中，最具特色的是流放文化。房陵是我国年代最早、规模最大、历史最长久的流放地。历史上把房陵作为流放地的朝代最多，被流放到这里的人数最多，而且品级最高。自秦至宋1200年间，流放到这里的帝王就有14位，先后还有45位皇亲国戚和达官贵人被流放此地。在中国的历史上，河北的沧州、黑龙江的漠河、四川的巴州和黔州，以及新疆和海南等地，都是较为集中的流放地。但是，没有哪一处能够在上述几个方面与房陵相比。

自秦以来，房陵有数次大规模的流放活动。第一次是秦始皇亲政的时候，长信侯嫪毐趁秦始皇刚刚亲政，便起兵叛乱后被处死，其眷属和党羽及门下食客、家僮等4000多户、上万人口被流放到房陵；接着是吕不韦被免职在蜀郡忧惧自杀后，其眷属和党羽及门下食客、家僮等一万多户、数万人被流放到房陵；西汉时期，刘邦的女婿张敖以及济川王、济东王、清河王、河间王等均被流放到房陵；唐朝庐陵王李显被贬谪在房陵长达14年之久，他在这里卧薪尝胆，最终东山再起，光复大唐江山。

其实，作为文学写作者，我特别钟情的是房陵文化中的"诗经文化"。早在2005年我撰写《大江北去》一书时，已经十分动情地写到了《诗经》，我把其看作汉水文化对中华文化无与伦比的贡献。

近些年的汉水文化研究表明，最早采集、编著这部中华诗歌元典的人叫尹吉甫。作为2700多年前西周时代的军事家、政治家的尹吉甫，我们知之甚少。但作为中华文化元典的《诗经》，江河般世代流淌，使一个民族最终找到了千年精神的源头。

如今，在离湖北省十堰市西南80公里的房县尹家山，旷古的荒芜掩隐着大师的一丘荒冢。在尹吉甫的封地里，一方断碑，几字镌刻……亘古的沉寂里，我们依然可以听到一代诗魂穿越千年的浩瀚，在向我们吟唱："江汉浮浮，武夫滔滔""江汉汤汤，武夫洸洸"……

《诗经》中称赞尹吉甫"文能附众，武能威敌"，他奉周宣王之命，率军北伐猃狁，南征荆蛮，驻守淮夷，辅佐"宣王中兴"；又诵"文武吉甫，万邦为宪""吉甫作诵，穆如清风"。

西周是中国历史上第一个注重文化和文学的朝代，当时周室有"采诗"制度和"献诗"制度，定期派人到民间采集诗歌，也即采风。我们今天的文学采风，应该是从西周沿袭而来。朝中公卿士大夫定期为天子献诗，正是周室的这种文化制度，才使《诗经》得以产生。与西周王朝都城西安王畿接壤的房陵，民间有"好歌"的传统，于是就成了采诗人的理想之地。房县不仅是《诗经》的采集地，还是《诗经》最早的采录人尹吉甫的故乡。在房县的尹吉甫镇、青峰镇等地至今还保留有尹吉甫的墓冢、墓碑和纪念供奉他的祠堂——宝堂寺。

应该说，"诗经文化"是房陵文化的血脉。产生于西周的"诗经文化"，发育成熟期整整500年。在尹吉甫之后300年，由孔子最终完成《诗经》的编选。华夏文明史上的第一部诗歌总集，最终成为中国文字文学的源头和基石。

2018年10月，中国第三届"诗经文化节"在房陵召开。我们驱车前往尹吉甫故里房陵青峰镇，在青峰大断裂带的万峰之巅，我有幸瞻仰了刚刚完成复建的宝堂寺。宝堂寺始建于明代，清道光年间两次扩修。砖木结构的殿堂年久失修，后因一场动乱，损毁殆尽，只有后殿的两层石窟，遗存着千古诗魂的孑影。时隔500年后的今天，房陵人为纪念先贤诗祖，共襄文化盛事，投资600万元，千辛万苦，历时一年，在青山崖壁间，重修宝堂寺。

走进寺院，我看到尹吉甫、孔子、屈原三尊石雕，三位古代文化巨人在这万山青峰中屹立，我倏忽就在心底轻轻一颤：中华民族，该怎样感恩这些千古圣人？怎样感恩他们为我们留下的文化遗产？

在宝堂寺停车场一侧，矗立着直径一米的铜铸圆盘"兮甲盘"，黑亮沉着的古铜器物连同盘中央铸刻的133字铭文，在青峰叠嶂的深山里，在蓝天白云的清朗下，发出悠远神秘之光——这是2500前周朝太师尹吉甫掌政执法的器物。据史料考证，尹吉甫原姓兮，因在家中兄弟中排行老大，称为兮甲，号吉甫。后因官职为"尹"，"尹"即太师、宰相，后人随称尹吉甫。

兮甲盘中央铭刻着尹吉甫当年率军讨伐猃狁凯旋、封赏、贡赋制度诸事。兮甲盘极其珍贵，不仅是国宝级重要器物，也是尹吉甫身份的重要物证。兮甲盘曾流落海外百余年，后经美籍爱国人士购回，交于国家。

走近，慢慢走近。走近抚摸这千年圣物，一阵战栗袭上心来……

从诗祖故里返回，我们来到位于房县西河湖畔的"中华诗经广场"。站在这近7万平方米（相当于10个国际标准足球场）的广场上，旋身一望，"诗祖祭坛""尹公塑像""诗经碑林""尹吉甫纪念馆"……当这些密集着中华古典文化精髓和元素的建筑物一起向我聚拢而来时，一种强烈的震撼，令我顿生一种朝圣之感。站在这片文化圣地上，我抬头向天一望，万里穹空中仿佛再次传来诗人穿越千年的吟唱："江汉浮浮，武夫滔滔""江汉汤汤，武夫洸洸"……

此刻，在万米广场的舞台上，上百人正且歌且舞，他们将房县民歌与《诗经》诗句糅合之后进行演唱："关关雎鸠一双鞋，在河之洲送过来，窈窕淑女难为你，君子好逑大不该，年年难为姐做鞋。""关关雎鸠往前走，在河之洲求配偶。窈窕淑女洗衣服，君子好逑往拢绣，姐儿见了低下头。"在这个"自古好歌"的神奇地域，在"厥声近秦，厥歌好楚"的古老房陵，在千年的文化流传中，人们已经把《诗经》首篇中的"关关雎鸠"当作民间表达爱情的流行语了。

据房陵民间文化挖掘者整理发现，房县民间有会唱民歌的歌师多达5万余人，有3000多首、百万余字的诗经民歌。在这些民歌中，除却表达爱情的民歌之外，还有用《诗经》里的《蓼莪》来哀悼去世的父母："蓼蓼者莪，匪莪伊蒿。哀哀父母，生我劬劳……"；还有《伐檀》："东方发白兮，上山岗兮，砍砍伐檀兮，日暮而归兮。"这些民歌无不留有《诗经》的影子。

这些"影子"让研究者困惑了：究竟是2000多年前尹吉甫将《诗经》带入了房陵，还是当年《诗经》的采风者在房陵、在汉水之滨采得这些古老的民歌，经修改加工编入了《诗经》？我想，无论是前者还是后者，房陵都是在古老而美丽的"诗经文化"的润泽中走过了千年。这是房陵人的文化福祉。

写到这里，我深觉在房陵这片极具特殊意义的地域，文化的独特和神奇不是其他地域文化可以比拟的，美丽的"诗经文化"在世代浸润着这片土地。

精彩
—赏析——

　　作者开头简洁明了地介绍了房陵，讲述了"房陵文化"的来源，增加了神秘感。而后作者先是从不同角度介绍了房陵文化中"最基本的内涵是神农文化"和"最具特色的是流放文化"，使读者对房陵文化的多元文化产生兴趣。接着作者提出自己的观点。"作为文学写作者，我特别钟情的是房陵文化中的'诗经文化'。"点明主题，接下来便进行了详细的论证，说明房陵在古老而美丽的诗经文化的润泽中走过了千年，承载着传承历史，延续文脉，张扬文化的责任，更是渴望推陈出新，继往开来，激励后人找到历史的认同，凝聚民族的精神。

——————

▶预测演练二

1. 阅读《腊月的味道》，回答下列问题。（18分）

（1）文章开头写母亲在腊月分外忙碌的用意是什么？（2分）

_____

_____

（2）如何理解文中"我如此用心地做着腊月里的事，我想应该是万千烟逝之后的一种情之归依吧。"这句话的深刻含义？（3分）

_____

_____

（3）文章对作者和小孙女多多之间的描写生动传神。请找出一处，加以赏析。（3分）

_____

_____

_____

（4）文中"腊月的味道"有何含义？（3分）

_____

_____

_____

（5）通读全文，概括腊月留给作者的回味有怎样的变化。（4分）

_____

_____

_____

（6）联系自己的生活，谈一谈本文带给你的启示。（3分）

_____

_____

_____

2. 阅读《永远的韩家洲》，回答下列问题。（10分）

（1）作者开头写道："每次回故乡，总要和家乡的朋友们站在堵河口，远眺静躺在汉水中央的韩家洲，心中便每每升起一种莫名的惆怅和忧愁。"为什么会生出莫名的惆怅和忧愁？（3分）

_____

_____

_____

（2）"历史活在历史的典籍里，更活在世世代代生命的传承和记忆里。"这句话的有什么意义？（2分）

_____

_____

_____

（3）"别了，我的故乡……""别了，千年的韩家洲！""永远的韩家洲啊！"作者发出这样的感叹，表达了怎样的情感？（2分）

_____

_____

（4）通过阅读文章最后三位老人的故事，你有怎样的感想？
（3分）

_____

_____

_____

千秋汉水

🌸 **心灵寄语**

《诗经》作为一部文化元典，江河般世代流淌，使一个民族最终找到了千年精神的源头。

我读到我的同事简明先生一首有关《诗经》的诗，他这样写道——

诗经
是一只鸟怀念一只鸟
是一条河穿越一条河
是一座山覆盖一座山

诗经
比古老的绘画更绘画
比伟大的史诗更史诗
比神圣的宗教更宗教
……

　　我非常感动简明先生对《诗经》诠释得如此美丽。简明先生的故乡在遥远的乌鲁木齐，但他却以圣洁的诗人情怀读懂了来自汉水岸边的《诗经》。我的感动又仿佛不仅仅是这些，因为在我的内心深处还以为：与其说简明先生读懂了美丽的《诗经》，不如说他读懂了美丽的汉水。

　　汉水对华夏文明的进化在《诗经》里有着最幸福的彰显。读那些诗句，你会发现，无论地老天荒，人类千年的爱依然美轮美奂。有人统计过，在中国第一部诗歌总集《诗经》中，记述古代先民在江河边繁衍生息、劳动生活的诗多达六七十首，而脍炙人口的爱情诗就有17首，大多与汉水有关。

　　比如《周南·关雎》："关关雎鸠，在河之洲。窈窕淑女，君子好逑。参差荇菜，左右流之。窈窕淑女，寤寐求之。求之不得，寤寐思服。悠哉悠哉，辗转反侧……"这是表达男子追求爱的相思之苦，这深情而淋漓的爱永然是人类精神的大典。

　　还有《蒹葭》："蒹葭苍苍，白露为霜。所谓伊人，在水一方。溯洄从之，道阻且长，溯游从之，宛在水中央……"这首堪称千古情诗的珍品，诞生在汉水之滨。爱的飘忽不定，爱的扑朔迷离，爱的艰辛与含蓄，都在汉水之滨演绎成人类梦境般的追寻。

　　再有《周南·汉广》："南有乔木，不可休思，汉有游女，不可求思，汉之广矣，不可泳思，江之永矣，不可方思！"这支汉江流域的情歌，是写一砍樵青年对一女子求而不得的心情，反复借汉水的宽、长和不可泳渡来比喻女子的可望而不可及。译出来就是：

"南方有棵高高的大树，却不可在树下休息；汉水边有位女子，难以表达对她的深情；汉水宽又广，难以游过去；汉水长又远，难以渡过去……"

由这些美丽的古代情诗，我们不难看出汉水儿女深情的气韵。他们灵秀、聪颖，他们善良、多情，他们忧伤、善感……这就是汉水文化的质地。

近些年的汉水文化研究表明，最早采集、编著这部中华诗歌元典的人叫尹吉甫。作为2700多年前西周时代的军事家、政治家的尹吉甫，我们知之甚少。但作为中华文化元典的《诗经》，江河般世代流淌，使一个民族最终找到了千年精神的源头。

如今，在离湖北省十堰市西70公里的房县尹家山，旷古的荒芜掩隐着大师的一丘荒冢。在尹吉甫的封地里，一方断碑，几字镌刻……亘古的沉寂里，我们依然可以听到一代诗魂穿越千年的浩瀚，向我们吟唱："江汉浮浮，武夫滔滔"，"江汉汤汤，武夫洸洸"……

美丽的汉水滋养了先民们似水的深情，或者说，是先民们千年的深情记忆了汉水无与伦比的神韵。千百年来，汉水以她那玛瑙般的幽蓝，以飘逸、俊秀、潇洒、宁静的状态，以不亢不卑的文静和庄重，养育了两岸一代代子民。端详汉江，她以舒缓温柔的古典抒情风格，总让你感受一种深刻而崇高的愉悦，让你心灵深处产生一种美好圣洁的情愫。

汉水，从秦岭深处的嶓冢山流出，在嶓冢山那个神秘的洞口，有一块壮牛般硕大的石头，初始上路的汉水从洞里流出，从石底穿过，然后开始她空蒙岁月的长路。在离巨石不远处，有一株千年寿龄的丹桂树，树冠如云如盖，花香如云如雾。站在汉水的源头，你无法不去冥想：美丽的汉水不论她从什么神秘的地方流来，她一入世便被这块缄默的石头哲学了；她一上路，就被那株千年的丹桂阴柔了！日后，她意志里不屈不挠、大跌大宕的穿越，以及她性格里刚柔相济、至情至爱的给予，以及她对命运中大悲大喜、大苦大任的担当，其实，在她入世的那个瞬间，已经被那块哲学的石头和那株美丽的丹桂给诠释了！

汉水，穿越神秘壮美的秦巴山谷，流过命运多舛的鄂西北，千里迢迢，最终流给了江汉平原无边的富庶……在汉水一路走来的路上，诞生了那么多古老、美丽的城市：汉中、安康、郧阳、均州、襄阳、荆门、荆州、孝感、潜江、武汉……

在她千年流淌的岁月里，孕育了华夏土地博大精深的荆楚文化，楚文化至今彰显着它千年的辉煌：随州出土的青铜编钟，其音律之全、音色之古，击响了整个世界的音符！尊凤、崇凤的鄂西北楚人至今以玩"凤凰灯"祭祀他们的千古图腾"凤凰"。湖北郧阳的"凤凰灯"走遍大江南北，最终走进中国非物资文化遗产保护名录。郧阳的考古曾震惊了世界，如同命名"北京周口店人"一样被中国考古界权威命名的"郧县人"，冲击了"亚洲人是从非洲迁徙而来"的定论，郧阳出土的两颗完整的人类头盖骨化石——实证了"郧县人"在汉江边走过了悠远的110万年！最终走来了世界上最古老的民族之一——汉族，以及与这个民族相生相依的世界上最动听的语言——汉语，以及世界上最独特美丽的象形文字——汉字，以及汉学、汉书、汉文化、汉学家……

美丽而详静的、博大而母性的汉江孕育了人类史上一个古老民族最伟大的辉煌和富有！

在汉江乳汁般甘甜的养育里，还走来了中华无数杰出的生命：诗祖尹吉甫（鄂西北房陵），诗魂屈原（楚国大夫，曾发配至汉水均州，写有名诗《抽思》），唐代杰出诗人孟浩然（汉水中游襄阳），书法之圣米芾（襄阳），军事家诸葛亮（12岁移居襄阳），军事家庞统（襄阳），开辟欧亚"丝绸之路"的第一使者张骞（汉水上游城固），著有《茶经》、被今人称为茶圣的陆羽（汉水下游天门）……

还有留下千古佳话"琴结知己"的钟子期与俞伯牙，还有医圣张仲景、中药学家李士珍，还有进入世界哲学宝库的老庄思想和道教文化……

也许，我们有一千个理由来感恩上苍赐予了我们一条如此神性而美丽的大江！但我现在想说的是：这神旨般的赐予使汉水在千年的流淌之后，又有了对人类的另一种担当。

高达162米的汉江丹江口水库大坝已经静静地在汉水丹江口矗立了半个世纪。2005年9月，大坝加高的礼炮声终于在寂静的汉江河谷炸响。工程的开工，说明经历了近半个世纪的南水北调中线工程终于进入了实质性阶段。眼下，大坝已加高到176.6米，一个库容高达290亿吨（为现今北京密云水库蓄水量的20倍）、水面波及1050平方公里（是北京五环内城区面积的1.5倍）的亚洲第一大人工湖在这里形成。34万移民已在无数艰难中迁徙他乡

（20世纪60—70年代已有48万移民背井离乡）。

2014年，汉水带着她千年的恬静与美丽，流向北方，流向首都北京。在她越走越远的路上，在一片陌生的土地和人群之中，她将以与生俱来的高贵品质，完成人类赋予她的神圣使命和伟大担当。

那时，神性的汉江便最后完成她生命与精神的伟大涅槃……

精彩
—赏析——

作者引用简明先生所作的一首关于《诗经》的诗，将《诗经》与汉水自然地联系起来，继而举例说明："汉水对华夏文明的进化在《诗经》里有着最幸福的彰显。读那些诗句，你会发现，无论地老天荒，人类千年的爱依然美轮美奂。"也表现了汉水承载的文化底蕴。为了进一步突出主题"千秋汉水"，作者展开丰富的想象，将汉水拟作美丽的"她"，讲述了"她"如何从秦岭深处的嶓冢山流出，在流淌的千年岁月里经过哪些地方，又孕育了怎样的文化和民族。最后作者用实际数据进一步说明汉水的意义："在她越走越远的路上，在一片陌生的土地和人群之中，她将以与生俱来的高贵品质，完成人类赋予她的神圣使命和伟大担当。"全篇作者对汉水的称赞和仰慕在字里行间表现得淋漓尽致。文章对汉水文化的精神的描写，真实、自然，使读者深刻地感受到了汉水的魅力！

泥河湾

🌸**心灵寄语**

> 人类存在的意义在于：就整体而言，人类从未因渺小而放弃追求博大，从不为只属一个瞬间而放弃寻找永恒。

一

现代人都知道中国北方有座古城大同。

大同有北魏王朝创建的宏伟无比的云冈石窟，大同的地底埋藏着无边的煤海，大同辽代的泥塑和明代的九龙壁都有说不尽的艺术秘密。但现代人绝不知道辽阔的大同盆地曾是一片茫茫无涯的湖海，更不知晓我们千年寻觅的祖先居然在这片湖海岸边生活了数百万年……

这片湖海曾经漫及了今天属山西省的大同、怀仁、山阴、应县、朔县、浑源、阳高、广灵以及属河北省的阳原、蔚县的大部，面积达9000平方公里。我们可以想象海水滔天而来，而后波光粼粼的情景。

后来海退走了。现代人已看不到海景，但却看到了海的文化。

比如盆地里的蔚县人"叨古"时这样说："在蔚县与阳原交界处，有一个村庄叫沙洼。这里曾是一片汪洋大海……"后面的故事便说唐僧取经路过这里如何掉进了海里，说八戒怎样一边哭一边用嘴拱海边的岩石，说八戒居然拱出了一道山沟，海水顺着山沟流走了，于是唐僧得救了。末了他们还会告诉你，沙洼村到处可以拣到鱼的遗骨和海螺的化石；他们还这样说："从前，蔚县是个大海，海中有匹神马……"接着就说这匹马怎样在夜深人静时出来糟蹋庄稼，说王母娘娘如何倒掉鞋中的土填平了海，人们如何捉住了海里的白神马，于是，这里的村庄就叫作"白马神村"；他们还说"单疙瘩村"如何埋葬了美丽善良的龙女，说"单疙瘩"就是龙女的坟墓；说南海观音如何用两名金鱼女童镇压了海里作恶多端的黑龙，最终填平了大海，说现在蔚县境内的"鱼甲山"就是两位金鱼女童的化身……

生活在盆地里的蔚县人、阳原人把关于"海"的故事编了几大本书。"这里曾经是一片大海……"，说起他们脚下的土地时，他们总是这样开头。

大学毕业后，我曾在这片属于海的盆地里和盆地北边的阴山脚下工作、生活了近30年。那时，我不知海对于这块土地是历史还是向往。

后来我听说了盆地里有个泥河湾。

说泥河湾文化是人类祖先的文化；

说泥河湾湖相沉积和欧洲维拉弗朗古沉积是一个时期；

说泥河湾是"中国的奥杜韦峡谷"；

说泥河湾地带是地球第四纪冰期时人类诞生和幸存的地区；

说泥河湾这里曾经有一片存在了几千万年的大海，说这片大海

叫"大同湖";

说"大同湖"孕育了地球最早的人类……

所有的"言说"都出证自那些不畏艰难困苦找寻人类故乡的考古学家和地质学家，于是千年的传说富有了科学的生命。

我惊讶了，也激动了。

到泥河湾去看"海"、到泥河湾去探视人类的故乡，最终成为一种神旨般的牵念。

二

走在大同湖盆地的土地上时，已到了夏日的 8 月。

这是一个世纪的岁尾，也将有一个千年的临盆，这个时辰离我们祖先在泥河湾生活的年代已相隔了几百万年。这样的探视实在是太久违了。但人类总是怀着乡愁到处在寻找家园，这是一个情结，我们在这个情结的缠绕中，不停地出发又不停地回程。于是，当现代人制作的车轮碾在曾经是海的土地上时，我就不停地从车窗里向外瞭望，我仿佛听见海的声音和祖先"咿呀"的声音，一起从遥远的山谷传来。

然而，车窗外的土地异常干涸，地面上游移着"呲呲"的白色气体，有一种干热使所有的庄稼窒息。8 月是北方粮食估产的季节，可眼前谷子没有拔节，玉米没有抽穗，黍子刚刚拱出地皮，只有一尺多高的葵花没有结饼……盆地里的人们说，他们遇到了百年不遇的大旱，说今年的庄稼至多收两成。说他们许多年份里都是靠天收庄稼。于是我想，那诞生生命的海呢？那碧波荡漾的大水呢？

海在这里停留了几千万年，海在这里孕育了生命，后来海退走了。在海边走过了几百万年的人们至今依然靠天收！依然艰难！依然贫穷！怎样破译海与文明的密码？怎样想象人类千古的蹒跚？

泥河湾是阳原盆地桑干河畔一个至今只有90多户人家的小山村。而以此命名的"泥河湾盆地""泥河湾古湖""泥河湾层""泥河湾期""泥河湾动植物群""泥河湾文化遗址"已超越了这个普普通通的小山村而在世界范围内流传。

研究泥河湾倏忽已有70多年的历史。这是从一批西方人开始的。1921年法国神父桑志华向传教士发出呼吁，号召人们搜集古生物化石标本，在阴山脚下的张家口传教的天主教牧师文森特当即应允，并提供了泥河湾出产古生物化石的信息。8月我到达泥河湾村时，在信仰天主教的泥河湾人建造的辉煌的教堂里，应该说依然回响着文森特当年留在这里的声音。

1924年美国地质学家巴尔博走进了泥河湾，他惊讶地发现泥河湾广阔的河湖相沉积物散发着人类故乡的信息，无法遏止的激情使他第一个向人类发出了"泥河湾层"的地质呼声。此后的十几年里，巴尔博、桑志华、德日进、皮韦托、步日耶，这些美国、法国、德国、英国的科学家先后走进了泥河湾，他们渴望找到证据来说明三四百万年前濒于灭绝的三趾马经常来喝泥河湾湖水的时候中国就有了人类。后来他们几乎是俯拾皆是地获得了大量的哺乳动物化石，他们从化石里发现了人工作用的痕迹。于是，他们相信泥河湾一带在地球第四纪时就有了直立行走的人类。

1948年第18届国际地质学会开始建议把泥河湾地层与欧洲维

拉弗朗期地层进行对比，从而作为华北第四纪初期标准地层之一。于是，"泥河湾层"便成为世界考古界的专用名词。1957年，曾发现了北京"周口店人"的贾兰坡等中国考古专家开始向人们提示：到泥河湾的地层里去寻找比北京人更早的人类吧。

从70年代到90年代的近20年里，中国的盖培、卫奇、贾兰坡、汤英俊、尤玉柱、李毅、谢飞、孟浩、成胜泉等数十位考古、地质专家在古大同湖和泥河湾跋山涉水，走峡谷、钻山洞，不辞万苦地寻找着最早制造工具的人群。所有的寻找都充满了传奇，所有的收获都近乎神谕。科学在远古与现实的艰难穿梭中，向我们提供了通向人类之初的神秘的幽径——许家窑、小长梁、东谷坨、虎头梁、郝家台、青瓷窑、杨家沟……这些千百年来定居在桑干河两岸的默然而贫寂的小山村，作为旧石器文化遗址，突然开始一起不间断地向现代人讲述着第四纪人——我们远古祖先的故事，我们从这些故事里发现人类的起源和生命不竭的前行。

三

泥河湾村的玉米没有抽穗，叶子也被一场冰雹打得披头散发。我随成胜泉一行来到了泥河湾古文化遗址。

成胜泉说，在泥河湾遗址已发掘出上万件第四纪时期人类使用过的石器，数千件哺乳动物化石，以及针叶树种、阔叶树种和草本植物的孢粉带。当我凝望着眼前厚达百米、数百米的一层叠一层的灰黄、黄绿、灰白、灰蓝、棕红色的黏土、泥沙、砾石时，我就有一种震撼：人与大自然的故事居然在这里被挤压了几百万年！眼前的地层犹如一本千古文献，记录着远古祖先蹒跚的脚印。我们曾经为寻找人类的故乡在地球上走来走去，而故乡离我们居然如此天涯咫尺！

"你往西南那个台地看，那里叫大田洼，那个平台的高度就是数百万年前大同湖底的高度；你再往东南方向看，那边是石匣里峡谷，大约在 5 万年前，大同湖完全消失了。大同湖消失时，桑干河贯穿了整个盆地……"成胜泉说。成胜泉在阳原盆地发掘了 20 年，奔走了数万里，吃了很多苦。我敬重他对人类故乡探视的执着与忠诚。

站在泥河湾遗址，我默默打开地质学家为我们寻找到的一部有关"人类故乡"的大书。望着蜿蜒了数万年，如今已十分疲惫、十分羸弱的桑干河，我默默阅读着人类漫长艰难的蹒跚和"故乡"的沧海桑田。

人类在地球这个星体上漂泊、迁徙、繁衍、生息了二三百万年，我们感谢上苍赐予了人类一个独一无二且得天独厚的家园。这二三百万年对于人类自身，应该说是一个相当漫长的年限，但对于已有 46 亿年历史的地球来说，这实在又只是一个瞬间。也许我们无法想象 46 亿年是一个什么概念，二三百万年是怎样一个瞬间。那么，我们来看看地理学家和天文学家的宇宙计算尺吧——他们把地球 46 亿年的演化史比做我们现在的一个昼夜，即 24 小时，于是他们计算出人类的出现则只是在 24 小时的最后半分钟！也就是说只是到了 23 时 59 分 30 秒，地球上才出现了最早的猿人。那是人类的蒙昧时代。而人类从蒙昧进入现代的数百万年，只是这一昼夜的 1/4 秒！同样，我们常常感觉不到这 1/4 秒。我们感觉不到我们正以每小时 10.8 万公里的速度随着地球围绕太阳高速运转；更无法感觉出我们正以近每小时 90 万公里的速度随着太阳系围绕银河系高速狂奔。我们感觉不到这些时，就常常会放大我们自身：我们为一时的成功沾沾自喜，也为一己的失败耿耿于怀；我们贪婪、自私、暴戾、愚昧，这是个体人存在的缺陷。人类是带着缺陷往前走的……

某一天，当我们理解了人类诞生仅属于这 1/4 秒时，我们才意识到我们在地球这个天体上不过是转瞬即逝，而作为我们每一个个体生命的几十年至多上百年又算得什么？转眼我们便会灰飞烟灭，瞬间我们便会沦为一屑尘埃。

然而，人类存在的意义在于：就整体而言，人类从未因渺小而放弃追求博大，从不为只属一个瞬间而放弃寻找永恒。于是，祖先和我们便历经万劫，创造着属于这个世界的文明。

泥河湾人蹒跚着走过来了，许家窑人蹒跚着走过来了，古湖盆地的人蹒跚着走过来了。所有的艰辛、苦难、创造与命运都留在了他们走过的路上。

作为一个迟到的"探乡人"，《泥河湾》的故事权当是我在历史的苍茫中，小心捡拾起的一枚祖先们曾经使用过的石器。

用石头的洪荒来平息我们日子的仓皇吧。

精彩
——**赏**析——

　　作者在一次采访中曾说道，一个对散文创作认真负责的写作者，真正给予作品生命的应是永远的真诚与激情。而在这篇关于历史文化的散文中，可以体会到作者内在的生命激情。本文中表现出的苍茫的历史感，悠远的命运感，和执着地对民族精神之根的追思，令读者深刻地感受到，作者不是一个"探乡人"，而是与泥河湾这片土地有着血肉羁绊的泥河湾人。作者对泥河湾历史、文化等的详细描写，更是体现了作者渊博的知识和细腻、真挚的情感。读者随着作者的笔触在泥河湾的历史文化中漫步、欣赏，感受着泥河湾人的艰辛、苦难和创造！

永远的民俗

🌸 **心灵寄语**

我们将以什么样的文化与传统跻身未来世界？最具有中国传统魅力的民俗文化将为我们打开独一无二的艺术大门。

一

中国的"年文化"源远流长，"年"里的喜庆、吉祥、团聚、祝福成为中华民族五千年不泯的文化象征，在我们的血脉、精神和现实生活中生生不息地传承。应该说，年画是"年文化"重要的语言符号之一，我们谁能对年画陌生呢？无论是幼年时望着母亲贴"门神"的喜乐还是今天生活在都市里的我们自己，依然要在年里把一幅幅印制精美的"恭贺新禧""新春大吉""福禄寿禧"的年画贴在了门上，年画带给我们生活的喜庆和心理的慰藉怎么说也不过分。

在我过去的生活里，有限的知识积累告诉我，这些欢天喜地、缤纷灿烂的年画产地在天津杨柳青、在山东潍坊、在苏州桃花坞、在四川绵阳、在广东佛山、在河北武强……就是没有河北内丘！内丘年画，典籍中没有记载，生活中没有传闻。然而，在年画诞生于宋元（也有说诞生于隋唐）、兴盛于明清、延续至今千余年之后，在我们所处的这个新世纪伊始——2003年1月，内丘年画石破天惊般浮出了水面，面对一片混沌、一片原始、一片民间原生态的木版画，中国年画界一片哗然……

应该说，让内丘"纸马"去参加中国文化遗产抢救工程之一的"中国木版年画会议"，实属偶然，也是天意：2002年12月末，河北省民间文艺家协会换届会议在省会石家庄召开。会议结束的晚宴上，和连芬听到邻桌上中国民间文艺家协会党组书记白庚胜在和人们说着年画和年画会议，之后她走到白庚胜跟前说："白书记，我们那里也有年画。"白庚胜问："你们是武强？""不，我们是内丘。""内丘哪有年画？""内丘有年画，我们那儿叫'纸马儿'。""你说叫什么？""我说我们那儿叫'纸马儿'……"

且不说和连芬是如何将内丘话语里儿化的"纸马"说给白庚胜听的，我只是想，白庚胜肯定从和连芬的叙说里隐隐感觉到了内丘人对生活的崇拜和内丘"纸马"千年的神秘。于是，他对和连芬说："1月6日，你们到天津参加抢救年画的会议吧。"和连芬问："我们怎么去呢？""给你们发会议通知，你们带上你们的'纸马儿'。"2003年1月3日，和连芬收到了会议通知。

接下来便是1月6日的会议。当韩秋长、和连芬把用铁丝装订好的几大本、几百张内丘"纸马"原样和复印件呈上会议时，所有的专家、年画生产厂家都惊诧了。面对在中国已经家喻户晓的、印制极其精美的且已完全市民化、市场化了的中国各地的年画，内丘年画的粗糙与原始、古朴与豪放、神奇与密码使人们瞬间失语。当日下午，主持会议的中国民协主席冯骥才即让内丘代表做大会发言。当韩秋长发完言，冯骥才便说："我一定要去你们内丘看看。"

1月21日，在北京参加全国政协常委会议的冯骥才便约白庚胜先生一起开车来到了内丘，在内丘走访、考察了几个村庄之后，冯骥才当场拍定，内丘年画为"中国文化遗产抢救工程之一"——即将出版的16部中国木版年画之一！在位于内丘的东庞煤矿宾馆，冯骥才关起门来与部分县领导以及韩秋长、和连芬足足长谈了两个小时！他激情满怀又苦口婆心，他对内丘人说："你们要下力量，希望你们坚持下去，之后这部书的出版，你们就不用管了。现在主要是要你们搜集，搜集尽量不要有遗漏，因为这些东西是留给后人的。越全越好，别怕啰唆，别怕跑破鞋底子，这事儿就得特别辛苦，是一个奉献性的，如果你们做好了，你们给内丘将整理下一笔重要的文化遗产，也是为中华民族整理下一笔重要的文化遗产。"

内丘年画价值何在？它何以感动了冯骥才这位为保护和抢救中国民间文化遗产而奔走呼号了十年且继续在奔走呼号的中国实力派作家？

二

2003年3月2日，我踏雪来到了内丘，我是慕名来看内丘年画的。一场春雪悄静地落在了内丘的田野上，田野上农家建造的简陋的庙宇里，飘着同样悄静的纸火香烟。和连芬告诉我，今天是农历二月初二，俗话说，"二月二龙抬头"，"二月二"也是内丘民间年里的最后一个节日——土地神诞生日，庙里的香火是祭土地的。和连芬还说这一天要吃龙须面祭祀土地神。记得那天晚上，我和内丘人一起吃了"鹊山牌"绿豆手工面，传说神医扁鹊当年在内丘行医就开始用绿豆熬汤为病人清热祛毒。

走在内丘，我就觉着有一种悠远古朴的文化气息氤氲着这块土地，当和连芬领我走进魏家屯村魏进军家时，这种感觉倏忽就更加浓烈了起来。魏进军的祖上是明代洪武五年（公元1372年）从山西来到魏家屯的，魏进军说他家七代人做木版年画，经历了600余年沧桑、动乱，终于保存下了28种、100多块年画木版。他的灶神年画是清道光十九年（公元1839年）的木版印制，他的穗穗老母（即观音菩萨）年画是清末民初的木版，当然更多的是近代木版，是他的祖父、父亲和他雕刻的。如果不是各种文化蒙昧和文化浩劫，我相信魏进军家那些历史更久远的木版就不会被毁被烧。魏进军从他家仓房里抱出一大堆雕刻木版给我看，在他的指点下，我发现他的"全神家堂"木版上有19个神像，"天地神"版上有23个神像……诸多的天地自然神嬉笑着，簇拥在一块块长30厘米、宽20厘米的沉甸甸的杜梨木木版上。魏进军的年画是在粗糙的白纸上用红、黄、黑、绿四色套版印刷，即印制一张年画需要四块雕刻木版套印，在没有现代颜料的古代，魏进军的祖辈们就用石榴花制红色，用槐米（槐花骨朵）制黄色，用烟灰和锅底黑制黑色。每年的农历十一月魏进军和他的父辈们就忙碌了起来，他们要用40天的时间印制年画，腊月十五至二十三是年画上市的日子，这日子是千年的俗成约定，不能违反。几十万张年画四色套印下来就是近百万次，魏进军的手臂累得肿胀，一旁递纸翻纸的妻子也五指肿大、食指指甲被磨掉，我们可以想象，在这冬天的日子，魏进军和内丘的农家有着怎样艰辛快乐而又神圣的艺术劳作？！

魏进军的年画每年至少要印制 20 万张，因为内丘周边的各县（如赞皇、临城、隆尧、邢台、任县）以及更远的山西都要从他这里进货。这些年画的价格极其低廉，魏进军说一张年画的成本三四分钱，他出售时只收四分、五分，一张只赚一分钱！我听后不禁失笑。但魏进军说，印制这些年画不全是为了自家的生活，实在是世世代代这里的人们都需要。艺术的缘起是由人的需要所决定的，这已是现代人审视人类艺术的方法论和艺术观，而在内丘的田野乡间，由农民魏进军说出了这样具有艺术规律的关键词语，我感到一阵欣喜。

从魏家屯村出来，我们来到南双流村。与魏进军长 30 厘米、宽 20 厘米的大版年画相比，南双流村家家户户几乎一律贴着小版年画，这些小版木刻年画长 18 厘米、宽只有 10 厘米。和连芬说，这就是在内丘民间千年流传的"纸马"。令人惊讶的是这些"纸马"大量印制的是民间俗神，如民间吉祥神：福禄寿禧神、财神、喜神、媒神、土地神、各种娘娘神。民间保护神与行业神：门神、灶神、药王神、土神、水神、鲁班神、茶神、酒神、仓神、路神、井神、场神、车神、梯神、中梁祖神（内丘人说他是姜子牙）。还有保护织布机的吉（机）神，保护牲畜家禽的牛神、马神、鸡神、猪神，甚至有鸡鸣狗盗小偷小摸的祖神"仙人小神"……除此之外，还有诸多的道教、佛教神明，如元始天尊、玉皇大帝、上元天官、太上老君、南海大士、八仙、弥勒、观音，以及诸多的自然神明，如雷神、雨神、水神、草神等等。

所有神明都被内丘人用简朴的线条勾勒成了人的模样，他们身着古代的宽袍大袖，头戴各式官帽，手持各色神器。比如那位头戴宰相纱帽、手持如意、面目严肃清癯的文财神（内丘人说那是大忠臣比干），比如身披铠甲、脚蹬战靴、手持双剑、怒目三眼的马王神，还有身背粮袋、头戴草帽、喜气洋洋的场神，还有神奇地从鼻孔里长出两只粗臂大手的土神，还有贴在磨碾上手持长剑骑着大虎的白虎神，以及小心翼翼扶着孩儿从梯子上走下来的梯神……

所有神明都成为内丘人生活和精神的崇拜，这些全部被人格化了的神明用木刻单色墨印在粗糙质劣的粉纸和黄纸上，然后被他们贴在了院落和房屋的各个地方。所有人家大门门楼两侧的墙壁上分别贴着一尊喜神，喜神在民间原本没有具体形象，是一个虚拟神，内丘人把她具体为一个高鼻大眼、梳着发髻、怀抱琵琶、笑容可掬的女性。他们在喜神的旁边，还安装着一个木盒，即使这个木盒十分简陋，他们也在里面插着几炷香，香烟袅袅，寄托着院落里的人来年的期冀：趋吉避险，喜事连连。走进院子，我们看见在正房外院，他们用泥土垒着一处砖龛，龛内贴着土地神，南墙根贴着土神，梯子上贴着梯神，鸡舍旁贴着鸡神，猪舍旁贴着猪神；走进屋内，我们看见正房堂屋贴着魏进军生产的四色大版年画"全神家堂"和"八仙神"；环顾四壁，他们在灶台上方贴着灶神、粮缸上贴着仓神、厢房西墙上贴着财神、堂屋方桌下的墙上贴着地藏神……再仔细一看，他们在所有贴神像的地方，一律都放着插香火用的小杯、小盒、小盅，在这些小器皿里堆满着燃尽的香灰，这证明他们在年节里对这些神明全部进行过香火祭拜。

我们在南双流村房老黑家看到了 20 块这样的小版木刻，在耿全增家看到了 30 块这样的小版木刻，耿全增的媳妇说，这是她男人的爷爷的爷爷们传下来的……

走进内丘，就走进了一种象征、一种符号、一种寄托，也走进了一个神人共处，天人合一的祥和世界。

三

内丘年画始于何年？何以在贫弱的北方乡间千年不衰？那些粗粝的线条、那些奇异的造像（比如土神从鼻孔中伸出两只粗壮的手臂）、那些原始的生殖崇拜（比如牛王神、马王神、仙女神等都有生殖象征的构图）属于什么艺术脉流，归于哪种艺术系统？驰名中外的邢窑遗址在内丘，内丘是中国白瓷的故乡，兴于隋唐的邢州白瓷使内丘曾成为唐代辉煌的瓷都，陶瓷艺术和年画艺术是否是内丘的两支姊妹艺术？所有的诘问使我产生一种感觉，那就是走得出内丘，但走不出内丘文化的隐秘。

内丘年画的诸神信仰表达着中国民间信仰的大气象，无论怎样，我们的先民和我们自己都不曾也无法躲开它的影响，象征着吉祥、威力和正义的神明，寄托着俗世人对于幸福、吉祥的渴望。它携带着规范和秩序，也赐予着慰藉和恩福，我们的祖先们在"万物有灵"的世界走过了千年。谁能说我们可以完全割裂传统再千年地走下去？风靡世界的《大趋势》作者约翰·奈斯比特说："在世界经济相互依存性越来越强时，在日常生活中文化和语言的自主之风即将到来。……瑞典人将变得更加瑞典化，中国人更加中国化，而法国人更加法国化。"我们将以什么样的文化与传统跻身未来世界？写到这里，我就特别想把冯骥才在内丘东庞煤矿宾馆说的另一段话告诉读者。他说，内丘年画是非常独特的，是无法替代的，是其他年画所没有的。其他地方的年画比较多，但都市民化了。原生态的农耕文化背景下的年画，河北有两家，一个是武强，一个是内丘。但内丘年画更重要的是它的原始性，它所反映的是农耕社会早期人和自然的关系。内丘年画主要以神灵为主，主要是人物，没有世俗故事，没有戏出、娃娃之类的题材。它的神像基本都是自然神……中国人把自然界的一切东西都看作是有生命的，要跟有生命的东西对话。人类早期，自然有时对人有威胁，所以他们要和自然造成一种亲和关系，融合在一起，体现我们中国人天人合一的思想。这种思想的源泉来自我们的母体文化。人们的这种想法反映了我们中华民族最本质的东西，也反映了人们自身美好的精神实质。它（指内丘年画）把织布机和道路都看成是有生命的东西，神不过是一种概念，是可以对话的，可以请求帮助的，要和它亲和的，不是要与自然对抗的。从人类文化学角度来看，内丘年画有很高的文化价值。

这是内丘年画第一次获得的文化诠释和权威性价值判断。现在，内丘人已开始在全县 300 多个村庄进行拉网式普查，相信我们会有更美好的期待。

精彩
—赏析——

　　作者开头漫谈"年文化"，指出年画是年文化的象征符号之一，之后通过列举年画的产地，引出河北内丘是自己不熟悉的年画产地，以此为线索，通过介绍自己对内丘年画的初识——走进内丘，慕名来看年画，在魏家村感受内丘年画的魅力到思索——内丘年画的发展和意义，整个行文一气呵成，自然地勾起读者兴趣，增进对内丘年画的了解和期待，真情实感地普及了内丘年画这个有很高文化价值地民俗。作者没有明确内丘年画的概念，却用朴实的文字传达给读者，其实内丘年画是民间艺人通过手工刻制印刷的一种木版年画，拥有它的独特性和原始性，具有很高的文化价值。

——————————

柴桑有个贤母园

● 心灵寄语

> 家是人生的第一所学校；母亲，是我们的第一位老师。伟大的母爱、温暖的家风是我们成长、成才的根本保证。

一

此刻，我站在一座中国古建筑的造物之前。

一种扑面而来的震撼，让我刹那间仰起了头颅，我久久地仰望，敬畏的目光企望穿越千年。

起源于 2000 多年前战国时代的建筑灵魂斗拱，在这里以坚硬如铁的花岗岩石替代，切割成如方木、如庭柱、如拱、如斗的石头，在此承载着千吨万吨的巍峨、雄宏。

这便是柴桑中华贤母园入口处的大门，柴桑人叫它"母爱之门"。宽 86.7 米，高 22.3 米的"母爱之门"，成为中国迄今最大的石质斗拱结构之门。庄严、磅礴的岩石斗拱，在这里仅仅是承接石头的重量吗？我久久地抬头仰望，轻轻地俯身抚之。我突然感到，这坚挺的庄严之门，分明是爱的敞怀、爱的迎接啊！透过这宽大通亮的坚挺之门，我望见了门里更令我心惊的博大和伟仪：一对母子相偎在云端之下……

跨越母爱之门，我进入园中。迎面撞入视野的是一长排暗紫色铜铸竹简。我在竹简前站下，一片一片摩挲。霎时，我便觉有一缕肃穆古老的风从竹简上轻轻掠过。我默默地、断续地读着竹简上的字："人生有母爱，哺乳抱负而无私……四大贤母茹苦历艰，培育其子，少小修身齐家，长大垂天振翼……蔼蔼慈云，涓涓流泽，寸草新青，谁言春晖难报？"

贤母园年轻的管理处主任梅秀伟告诉我，竹简上刻写的是中华贤母园赋，也称铜赋，计 403 字。柴桑人把贤母文化的渊源和贤母园建设的源起、过程和意义，以赋的形式刻写在长 14 米、宽 3.12 米、共 41 片铜质竹简上。一种古老的文化、一项伟大的工程、一颗仁爱的施政愿心，就此被铭记千年。

目光掠过散射着紫色光泽的竹简，我再次向高处望去，那对母子相偎在云端之下——一尊巍峨雄奇的乳白色花岗岩雕塑屹立在天穹的空茫与时光里。

我踏上第一级大理石台阶，向天穹下的母子走去。

我一级一级向上走。九十九级台阶，九十九级母爱之艰，九十九级人生之难，九十九级之尊之高的人类母子之情，九十九级人类繁衍生息、筚路蓝缕的千古历程啊！

我一级一级往上走，然后看到了那发髻高挽、衣衫飘拂的母亲；

我看见那母亲一手牵着一膝跪地小儿的手，一手抚着小儿尚嫩的肩头；

我看见小儿一手被母亲牵拉、一手拿着卷起的简书；

我看见小儿翘首望向母亲、渴望聆听教诲的纯稚的目光；

而当我看见从母亲颔首凝眸的目光里，投向小儿的满满期望、温婉、慈爱、深情时，我双眼湿润了，我的心战栗了……

那是 1600 块大理石组合的雕塑吗？不，那是人类伟大的爱之灵魂！

站在高耸的雕像下，临风远眺，这是怎样的一座母爱之城？

再次回眸九十九级台阶，我倏忽看到了自己人生的来路，看到了来路上母亲无数的艰辛、困苦与温爱，看到白发飘拂的母亲站在故乡的山梁上，向我扬一扬手……

二

在 32.95 米高的母子雕塑基座四面，是四组古代贤母故事构成的浮雕。孟母三迁择邻、断织教子；陶母截发延宾、封坛退鲊；欧母画荻教子、诫子奉公；岳母为儿刺字、励子从戎等典故，极其精细的浮雕里，涌动着忠孝仁爱、礼义信廉的精神，这精神深深浸润到华夏儿女的心灵，使一个东方民族灿烂不朽地走过了数千年。

江西九江市柴桑区贤母园位于柴桑区北部，中华传统四大贤母中有三大贤母曾先后在柴桑生活、游历过，其中两大贤母（陶母、岳母）长期生活并最终归葬于此，成为柴桑乃至国人的无限景仰。中华贤母园是以陶母、岳母乃至欧母地方属性为依托，以贤母文化为载体，以文化产业为目标，构建集文化展示、生态休闲、旅游观光为一体的寓教于乐、寓教于游的贤母文化主题公园。

占地千亩的贤母园里，除建有主体工程"母爱之门""中华贤母主题雕塑"和九十九级"仁爱台阶"外，园内还有蜿蜒景深的思贤路、怀恩路，还有广阔平坦的花岗岩石铺就的入口广场、爱心广场、景区停车场，还有垂史千秋的"五馆"：中华贤母文化博物馆、陶母馆、岳母馆、陶渊明纪念馆、金戈铁马苑。

也许，我们并不生疏"孟母三迁""岳母刺字"的教儿成长的历史经典，但当我走在中华贤母主题文化博物馆里时，在精致的字与画的展板前，在现代的声光电多媒体演绎中，我依然为孟母断织的决绝感动不已；我仿佛听到岳飞"怒发冲冠，凭栏处、潇潇雨歇……三十功名尘与土，八千里路云和月……待从头、收拾旧山河，朝天阙"的气吞山河般的报国誓言；我为贫穷的陶侃（陶渊明曾祖父）之母截发换钱、为儿延宾的真情动容；我更看到一幅远古的温馨——欧阳修之母取茅草在沙地教儿写字、识字的感人图景。

庐峰巍巍，大河泱泱。倚庐山、临鄱湖、傍长江的古城柴桑，以其独特的地理环境和人文环境，孕育着丰厚的历史文化。而贤母文化是闪耀在柴桑历史文化长河中璀璨的明珠。古代四大贤母中，陶侃母亲湛氏在柴桑生活多年，最终葬于九江柴桑区内。岳飞母亲姚氏跟随岳飞抗金，最终也安葬于柴桑株岭山麓。这些流淌着千古母爱文化的人文资源，孕育了柴桑独特的城市文化品牌。

整合历史文化资源，打造贤母文化名片，成为柴桑主政者及34万柴桑儿女慧心所向。这是一座城市向往的开放与传承的融合，这也是一座城市彰显的感恩与孝德的精神依傍。2011年立项、2013年开园至今，已有千万游客、八方旅人来贤母园观览、瞻仰。他们来这里感受母爱的真谛，来这里阅读一座城市温暖向上的力量。

每每随年轻干练的梅秀伟漫步在园内林木深深、蜿蜒如水的思贤路或怀恩路上，我都感慨不已。我多次对秀伟说，贤母园是柴桑人的精神福祉，作为园子的管理者，你是这世上最幸福的人……

三

中华民族是一个十分崇敬母性的民族。从上古神话中的"女娲补天"，到《诗经》中的一首首讴歌母性和爱情的诗篇，再到《史记》记载的华胥氏、嫘祖、姜嫄、"三太"等，无不表达一个民族对母性的崇拜。自西汉《列女传》将孟母教子经典故事载入史册后，贤母文化便得到历代推崇。历史走过 2000 年的今天，江西省九江市柴桑区，集中华贤母文化大典为城市文化亮丽名片，实在是智慧文明之举。天下之本在于国，国之本在于家，家之本在于身。家是人生的第一所学校；母亲，是我们的第一位老师。伟大的母爱、温暖的家风是我们成长、成才的根本保证。

回京后不久，秀伟给我传来两张照片，一张是夜景下的贤母雕像，雕像呈金黄色，通体透亮，高高耸立于丛林夜色之中。神圣之母爱流光溢彩，光芒四射，照耀着至暗，照亮着世间；另一张是贤母雕像在云雾的浪波中时隐时现，一尊东方爱之女神在云幔中光风霁月，亦真亦幻。氤氲在天穹雾霭中的母亲，在云端微笑着抚爱我们……

我不禁在心中惊叹，柴桑！柴桑！柴，母亲灶膛里的柴火，母亲房顶上袅袅上升的炊烟，曾唤来我们儿时怎样的温暖？桑，母亲的蚕房，母亲的桑林，母亲的纺机，曾为我们织就了多少漂泊远行的衣裳？柴桑，柴桑！一个汉代的地域名称，在历史走过了 2200

余年后被再度继承，这是一座要怎样传承母爱的"母爱之城"？

（注：公元前201年始置柴桑县，后改名浔阳等，1949年后改为九江县，2017年改名九江市柴桑区）

精彩赏析

作者以游者的视角，详细地描述了贤母园的建筑特色、文化特色和地域特色，易使读者如亲身游历般生出同样的感叹：这座中华贤母园，它除了彰显地方文化特色，弘扬贤母文化外，更是在以爱的力量，感召着八方旅人贤母园观览、瞻仰。他们不光是来这里，感念母爱的温暖，感悟母爱的真谛，更是来这里，阅读一座城市温暖向上的精神力量。作者在文中时常追忆自己的母亲，感叹母爱的真谛，这是贤母园带给作者的思悟，也是作者希望能与读者达成的情感共鸣。最后作者感叹带给我们这种情感的城市："柴桑，柴桑！一个汉代的地域名称，在历史走过了2200余年后被再度继承，这是一座要怎样传承母爱的'母爱之城'？"

天下"石院"

💮 **心灵寄语**

> 怎样在震撼人心灵的世界自然遗产地发掘、打造一处同样震撼人心灵的人文景观？这是现代人们需要深思的问题。

这里是天下最大的天然"石院"！

被百丈、千丈高的天然石壁围拢的院子，使我百次、千次地在想：这院子里的人家从何而来？他们何以选择在这样的天堑里居住、生存？

重庆武隆山里的"上石院""中石院""下石院"是风靡了全国的真人纪录片《爸爸去哪儿》的实景拍摄地。因影片的风靡，这片万丈绝壁围着的院落、人家，开始被外部世界知晓，游客一拨又一拨来到了这深山绝壁人家。那天，我们也有幸来到了这里——下石院。

下石院实则就是一个巨大的"天坑"。大自然造化时的天山崩地裂，使方圆二三百米的地壳刹那间下陷了三四百米深，于是，青钢铁石般的险崖峭壁也在这个刹那突兀地升起。于是，无缝无隙、刀劈斧砍般的百丈、千丈石壁便围住了这个下陷的"坑"，这里的人们把此叫作"天坑"。

我们到达时，看到"坑"里的几个农人在一棵300多年树龄的银杏树下摆摊，出售她们自产的李子、青苹果、老花生、山蘑菇，还有煮熟的黏玉米、柴鸡蛋。

在与农人的闲聊中，我们得知这个天坑里住着26户人家、130口人。他们不少人在犯愁，说一个旅游开发公司正与武隆政府签一份合同，要把他们全部迁出下石院，公司要在此地打造一个"民俗文化村"。村民一是愁他们要永远告别自己几百年的祖居地，二是愁公司给他们的赔偿不到位。他们指着长满荒草的田地说："总说要迁呀、迁呀，今年田里也没插秧，地都荒了……"

几百年的祖居地？我曾在20年里跟踪、书写南水北调水利移民，我深知几十万人在告别世代故土时的艰辛与疼痛。

几百年的祖居地？他们的祖先何时来到了这崇山峻岭、绝壁密林？

几百年的祖居地？啊，村边那棵300多年的银杏树即为见证？！

明代！明代"江西填湖广、湖广填四川"时，下石院人的祖先就从江西来到了这里，武隆大多数人也都是江西移民的后裔。武隆县文联副主席、年轻而帅气的邵秋林肯定地对我说。回京后，我又不远5000里与下石院所在的白果村主任胡小洪电话确认，下石院人就是明代大移民时从江西迁徙过来的马姓人（外姓人只有三四家），他们已在此繁衍生息了十几代人。村里现在年岁最大的老人90多岁。

这是一个了不起的"天坑"！一个有历史、有来历、有血脉传承的石壁大院！一个为中国存留着数百年移民史记忆的大院！

现在我们来稍做历史的回望——因明朝崇祯年间张献忠农民起义，在川蜀地区作战频繁，"杀得鸡犬不留"，十室九空，十不存一。康熙十六年（公元 1677 年），清军为消灭义军，开始滥杀无辜，于是川地人口殆尽，一片荒芜。清廷下诏，江西、湖南、湖北众多居民被迫迁居，民间把这次大移民称之为"江西填湖广，湖广填四川"。

如果从清顺治末年移民填川运动开始时算起，那么至今已有 340 余年时间。长达 3 个多世纪的时间可谓漫长，然而，340 年时光在中华五千年历史长河中仍属短暂。按普遍的代算法，即 20 至 25 年为一代人，下石院人离迁徙而来的一世祖经历了十三四代。他们和我们，怎么能对这件事就此淡忘或一叹终极？

我看到这样的记载：明末清初向四川移民，开始时要强迫，到后来，强迫变成了自觉，渐渐地移民成为一种潮流，汹涌澎湃，在差不多一个世纪中，荒芜的四川逐步上升为人口最多密度最大的地区。在康熙初年，四川境内"人烟俱绝"，到乾隆三十二年（公元 1767 年）的时候，四川人口已达 290 余万人……

经过明末清初惨烈的兵燹之后，如过江之鲫的江西人，源源不断进入湖广和川蜀边陲，先民们犹如散落的种子，播撒在大巴、武陵的群山密林，以天坑、地缝、悬崖、绝壁为天然屏障，躲避着外部世界的刀光血刃，顽强地劳动、创造，繁衍、生息。

3 个多世纪过去了，在浩瀚的中国移民史上，江西人担当了重要角色。作为这些移民后裔的下石院人（还有在天坑里居住的中石院、上石院人），乃至武隆人，怎能忘记那个波澜壮阔、可歌可泣的历史时代？怎能不怀念前人的恩德和勇气？怎能不温习先辈们筚路蓝缕、历经苦难的千万里大迁徙？

开发者何不在下石院（包括中石院、上石院）开发建设一个真正的民俗文化村？真正有原住民、有历史记忆的民俗文化村？

在那里，开发者可以构建一个小型移民博物馆，让游人走进下石院，即走进江西先民大迁徙的壮阔史诗之中；可以如我的故乡、中国最美乡村湖北郧阳樱桃沟村那样，帮助下石院人把房子依旧修旧，像保护文物一样（郧阳樱桃沟甚至把 20 世纪 50 年代的牛圈以旧修旧，最终打造成五星级宾馆标准的民宅，起名"五零居"。他们还有"六零居""七零居""八零居"……在樱桃沟，每一座民宅就是一座文化符号与时代记忆）。我注意到下石院人的房屋大多是二层木板式阁楼，都有上百年历史，非常有特色；我还注意到他们有一座高达 20 多米的泥巴掺麦壳砌就的烤烟炉。这一切，都是不可多得的民俗乃至建造艺术之元素呀。开发好了，下石院人可以像附近"洞庭山庄"一样，以洞为屋，做色、香、味俱全的"农家乐"；他们可以随时为游客煮玉米和柴鸡蛋，游客可以到树下摘李子，到田畴学插秧或拔萝卜、白菜……亲近我们本该世代亲近的田畴和土地呀！

开发商可另在这里打造几个具有中国民间文化特色的景点项目，与下石院开发为一个体系。

无论怎么说，下石院是一个有历史、有血脉、有温暖、有原住民呼吸的旅游景点。这比把人全部迁走、全部建上新房、全部住进一些经过包装、经过打扮的伪文化和演艺人，无论是经济投入、旅游价值抑或是周济民生，孰利孰弊？孰重孰轻？

据有关部门统计，近些年，中国古民居、古村落每年都以

20％的速度在消失，抢救古民居、古村落已成为中国新农村建设的当务之急。

现在，具有300多年历史的下石院（中石院、上石院）借影视已名声在外，在此基础上，怎样为其锦上添花？怎样进一步做深度开发？怎样在震撼人心灵的世界自然遗产地发掘、打造一处同样震撼人心灵的人文景观？望开发者三思。

精彩赏析

作者通过与下石院居民的谈话，得知下石院将被改建，因此生出感叹："一个有历史、有来历、有血脉传承的石壁大院！一个为中国存留着数百年移民史记忆的大院！"难道要消失了吗？继而作者"苦口婆心"地从实际出发"近些年，抢救古民居、古村落已成为中国新农村建设的当务之急"，给出开发者几项建议，希望开发者能慎重、合理地开发下石院。作者如此用情地为开发者分析利弊，其实是在控诉开发者过于注重利益，不关注自然、历史遗迹的文化价值，作者同时也是在呼吁人们能多关注自然遗产的历史和人文价值，保护这些具有时代和文化特色的遗迹。

今昔永定河

🌷 **心灵寄语**

> 当古老而美艳的母亲河千里迢迢再度开始滋润我们生命和土地时，我们该怎样忏悔？怎样珍惜？怎样感恩？

一

古都北京坐落在永定河的冲积平原上，这条长 747 公里的大河，用她源源不竭的河水养育了一代又一代北京人。人们说，永定河是北京的母亲河，是北京的摇篮，没有永定河也就没有北京。永定河发源于山西省宁武县的桑干河和内蒙古兴和县的洋河，在河北省张家口的怀来县汇合后始称永定河。千百年来，永定河携带着云冈、五台山的佛光和蒙古高原辽阔的豪爽，一路走来，经山西、内蒙古、河北、北京、天津五省市自治区，然后从天津北塘奔流入海。

永定河自幽州进入北京市界，经门头沟、石景山、丰台、房山、大兴五个区后出市。永定河的流域面积达 4.7 万平方公里，是穿越北京的最大一条河流。历史上的永定河恣意汪洋，一方面它佛光般恩泽着广袤的京畿平原，另一方面它又以高原奔腾的野性在平原上横冲直撞。它曾以每秒 10 000 立方米、7000 立方米、5000 立方米的流量 7 次淹没北京，8 次淹没天津。从金代至 1949 年的 800 多年中，它 81 次决口，9 次改道。

始于 20 世纪 50 年代的全国兴修水利，3 万多河北人于 1951 年在张家口怀来县境内拦截永定河，修了一座库容达 22.7 亿立方米的官厅水库。这个时期的人们，修千座万座水库的第一要义是防洪。千百年来，人们被洪水吓怕了。修官厅水库时，人们第一心想的就是以后别让永定河再淹北京、天津了。半个世纪以来，官厅水库在向北京人提供了 400 亿吨生命之水后，它满目疮痍了。连年的干旱使它常常降到死库容以下，即使在 20 世纪 80—90 年代北京持续干旱、许多水库塘堰干得亮了底之后，水量已降到死库容的官厅水库还坚持着向北京供水。它戎马倥偬了近半个世纪以后终于躺倒了，因水量不足加之沿途的工业生活严重污染，1997 年，它不得不退出向北京提供饮用水，有限流来的污染水只能为少数工业所用。

北京人偌大的一个水缸就这样说没就没了！

而这时的母亲河永定河呢？

自官厅水库建成后，永定河上共修了 3 座大型水库，19 座中型水库，28 座小型水库，修水库就是在江河上建大坝拦截江水或河水，层层建坝，层层拦截，最终，北京的母亲河断流了，干涸了，一个生命之河死亡了！

永定河原名无定河，因为它水太多太大，四处流溢泛滥，于是康熙皇帝为它赐名"永定河"，寓此河永久安澜，造福京畿。永定河上曾有许多与水有关的著名文化景观，其中"燕京八景"之一的"卢沟晓月"何等让人销魂？"轻看一线卢沟水，来到燕门桥上观""河声流月漏声残，咫尺西山雾里看"，说的就是卢沟桥桥上桥下水月相映的美景；"桥上客，纷如织。桥下水，水长流"说的是没有旅游时代的旅游，人们如织般到卢沟桥上看水赏水，何等蜂拥！

而我目及的永定河已彻底干涸了。

20世纪80年代以来，北京一直水资源紧缺，为了满足城市用水，三家店以上永定河水几乎全部引入市区，使三家店以下70多公里的河道长年断流，河道两边土地沙化，永定河沙石采盗猖獗，致使河道内沟壑、深坑遍布，河床裸露，每到冬春季节，西北风顺河而下，京城顿时风沙弥漫。由于根本无水补给永定河，加上严重超采地下水，北京西部地区第四纪地下水已经全部疏干，永定河的生态系统已经受到严重破坏。昔日的"卢沟晓月"已经不再，饱经700多年风雨沧桑的卢沟桥，孤寂而衰败地架立在荒草萋萋、流沙滚滚的永定河床上。人们只是在想起那场战争时才偶尔想起它，唯独桥栏上700多尊石狮阅尽了人世沧桑……

这是2005年9月，我因撰写《大江北去》第一次来到永定河时看到的境况。

那时，满目苍凉的永定河，给我留下了深深的恐惧和忧虑。

二

2017年6月的一天，一直在北京做城市园林建设的同乡、年轻的简兵告诉我：永定河早已今非昔比了，你去看了就知道，你肯定认不得它了……

简兵带我到达的第一站是永定河城区南段的宛平湖。而紧邻宛平湖的是蓄满汉水的大宁湖，望着三千里迢迢从我和简兵的故乡湖北十堰流来的汉水在阳光下波光粼粼，我不禁感慨万千。怎样感恩这一江清水和为这一江清水北送而牺牲受苦的我的父老乡亲？

简兵稳稳地打着方向盘，车子从永定河西堤一路南行，望车窗外清波涟漪的家乡水，简兵的眼睛开始湿润。他说："千辛万苦，家乡的水进京了，我们的任务就是保护好这一江清水。现在，北京的水环境改变了，生态好多了。永定河有水了，这里才变得如此美丽。这可不是'天方夜谭'啊！"

在大宁湖西侧、京石高速南侧的永定河河床上，便是丰台区用3年时间建成的宛平湖，放眼一望，1300米长、400米宽的宛平湖，清波荡漾，芦苇丛生。岸坡的柳树、槐树、火炬树、铺地柏郁郁葱葱。简兵指着数公里长的河堤绿化带说，这里河床上的沙坑原本一个接一个，最大的沙坑十几米深，能装进一幢楼房，我们填坑拉来的石头、泥土都有几百万吨……

我问了简兵一个挂心的问题：这里的湖水是从哪里来的？

简兵说："宛平湖基本采用再生水和雨水。主要水源之一就是丰台区卢沟桥再生水厂，该水厂每天形成的再生水源源不断地输入宛平湖。此外宛平湖以南已经形成的十余个永定河雨水收集湖，也为宛平湖提供景观用水。为了防止宝贵的水渗漏，还要在永定河床上铺设膨润土和防渗毯……"

"铺设这种材料对地下水恢复有妨碍吗？"我问。

"这是一种新型防渗漏材料，它在蓄水的同时也不断在渗漏，只是渗漏慢一些而已。在干旱无水的北方，河流修复目前多用这种方式。"简兵的回答让我释然。

说话间，简兵带我来到了宛平湖北面的晓月湖。

"卢沟晓月"在几百年间都曾是著名的"燕京八景"之一。古时乾隆皇帝曾在秋日路过卢沟桥，得此良辰美景，赋诗"半钩留照三秋淡，一练分波平镜明"，并于此题写了"卢沟晓月"，随立碑于桥头。然而，随着北京水资源的严重匮乏，永定河干涸，"卢沟晓月"的美景消失曾长达20年之久。

2008年5月，丰台区政府启动永定河的蓄水工程，工程中就包括恢复晓月湖水面。从6月1日开始，南水北调建管中心利用山区蓄积的雨水，对南水北调输水管道进行测试冲洗，冲洗管道的40万吨弃水陆续输入到了卢沟晓月湖。干涸数十年的晓月湖重新蓄起一池清波，消失了20年的卢沟晓月湖终于有了水波映月的条件，"卢沟晓月"奇观从此便在中秋佳节期间成功再现。

建于金代（公元1192年）的卢沟桥，是一座长266米，宽7.5米、11孔洞的拱券石桥。走在中国古代北方最大的石桥上，我感慨万千。十几年前采风走到这里时，我只是远远看了一眼它衰败凄荒的面容，便匆匆离去。

如今，怀一腔欣喜，观古桥悠然横卧在晓月湖的清波之上；蓄满心肃穆，漫步在碾痕凸凹、岁月深深的古桥之上；小心翼翼，抚摩桥栏上姿态各异、风雨沧桑的石狮；再满目深情，瞭望桥下波光粼粼的湖水，我便又一次想起"轻看一线卢沟水，来到燕门桥上观""桥下水，东流急。桥上客纷如织"古诗中的卢沟桥水月相映的美景。

简兵说："卢沟桥上安装了许多灯饰，若中秋夜晚来这里，皓月当空，古桥巍屹，清波微澜，彩灯霓虹，你会看到一个奇幻无比的水光月色的新的卢沟景观。"

我想，我会选一个中秋的夜晚来到这里，我来这里不是要听从"天方夜谭"里走来的莎拉讲述那关于玻璃房子和水晶宫殿的美丽神话，我是要把失而复现的"卢沟晓月"美景说给这位美丽善良的"月光女神"。

三

沿永定河东堤园博园大道一路向北，只见左侧窗外的河床上，满目苍绿，一大片一大片绿葱葱、水汪汪的水草湿地。简兵说，恢复湿地也是修复永定河生态的重要举措。

很快到达永定河防洪闸路桥，站在路桥向上、向下望去，永定河已经是满目苍翠。一片片跌宕起伏的绿地生机盎然，一簇簇芦苇在水中与野鸭、水鸟为邻，碧波荡漾的雨水湖在目光中向远方延伸、再延伸。昔日的风沙源已经难觅踪迹。

"真美呀！这里好似白洋淀的一个缩影！"我欣喜地自言自语。

走过大约 200 米宽的防洪闸路桥，简兵的车又沿着永定河西岸一路向北，来到了美丽的莲石湖湿地公园。好一个湖光山色的地方：远山、近亭、绿水、红花、步道组成了一幅"春到江南"的山水画。

莲石湖坐落在石景山、门头沟和丰台河西交界处，上接门城湖，下接园博湖，水域面积竟达 1.02 平方公里。从景区东南门进入，我们便踏上全长 8.7 公里、宽 3 米的环形塑胶健身步道，据说这是目前北京城区最长的封闭环形健身步道，也是京西最美的漫步道。步道两边，各种鲜花一簇簇、一团团，五彩缤纷，在微风的轻抚下摇曳生姿。

我们来到"莲石八景"之一的"碧岛柳荫"，只见一大片碧水映着垂柳芦花，不知名的小鸟在水草里雀跃游逸，一群小鱼在水中激起些许涟漪。站在湖边的露台木栏处，简兵为我拍下了人与水天相映的美景，美景的不远处，便是我的家。

"真是家门口的公园呢，辜负了！"我对简兵说。

从"碧岛柳荫"往北走，我们来到永定河森林公园海棠谷。

在地势微缓的谷底，栽植了大片海棠，从树签上看到有西府海棠、垂丝海棠、贴梗海棠、八棱海棠、北美海棠等各种品种的海棠，据说有 800 余株。在缓坡上植有碧桃、山桃等开花植物。我是一个极其喜爱海棠花的人，想必在春天开花季节，这里一定是一幅海棠溪谷美景，一定会是我流连忘返的地方。

四

流经山西、河北两省和北京、天津两市的永定河，是一条古老的母亲河。

在过去许多年里，人类对水资源的掠夺性开发，使永定河干涸了 30 多年。

走在湖岸硬化亮丽的水泥便道上，简兵告诉我，早在 2009 年，北京市就酝酿让永定河河道内"有水"。于是，北京市水务部门便拿出了一个让永定河"起死回生"的人造河流方案。那一年的阳春三月，当门头沟、丰台、房山、石景山、大兴等北京永定河流域五区区长的手叠在一起时，一个名为"永定河绿色生态发展带"的战役即开始打响。自此，断流了30年的永定河开始一天天复苏。到2013年，永定河37公里的城市段，就建成了门城湖、莲石湖、晓月湖、宛平湖等多个湖泊。后来，在汉水进京前，又建成了大宁湖和稻田湖。现在，在永定河37公里市区河道两岸，六大湖、十大滨水绿廊公园，使永定河北京城市段已形成一片"北国江南"的水乡景观。

这项堪称"奢侈"的人工河流计划，耗费170亿元巨资。这是中国迄今最大、最长和总造价最高的人造河流计划，北京的永定河治理工程极大地考验着北京市决策人和水利工作者的勇气和信心。

2014年，5年的拼搏、奋斗，北京境内170公里河道全部治理完毕。

如今，在砂石坑、垃圾坑、河滩地上已建成门城湖、莲石湖、园博湖、晓月湖、宛平湖、大宁湖六大湖泊，60公里溪流贯穿其间的永定河绿色生态发展带，已成为北京最亮丽的风景和北京西部地区一道重要的生态屏障。

从莲石湖公园出来，简兵的车一路奔驰，我们来到位于门头沟区的永定河供水管理处。年轻的水利工程师袁汉章告诉我们一个极为振奋的事情：2015年12月，在第九届中国城市河湖综合治理研讨会上，永定河一举获得中国河流奖金奖！这意味着永定河将有机会参加亚洲河流奖的评选。

大学毕业就从事水利工作的袁汉章，在北京水务一干就是十几年。现在，他在永定河供水管理处工作，通过20余公里的循环管线和三座水泵，每天为永定河的湖泊、湿地输送和调节水源。这里，是永定河绿色的"生命线"。

更为振奋的是我们从袁汉章先生那里获悉：2017年4月，国家发改委关于《永定河综合治理与生态修复总体方案》已经印发，对永定河全流域的整治和生态修复已经展开，这条流过多省市的大河整治涉及总人口1400万人。2020年，永定河将初步形成绿色生态河流廊道，还将逐步恢复成"流动的河、绿色的河、清洁的河、安全的河"。700多公里的永定河将再现其自然山水风貌，造福京津冀晋四地，数千万人都将再看到一条更加美丽的大河。

古老而美艳的母亲河将翩翩向我们走来！当她千里迢迢再度开始滋润我们的生命和这片土地时，我们该怎样忏悔？怎样珍惜？怎样感恩？

精彩赏析

"清波荡漾，芦苇丛生""皓月当空，古桥巍屹，清波微澜，彩灯霓虹""碧岛柳荫"……一幅幅瑰丽璀璨的永定河画卷跃然展现在读者面前。作者通过大篇幅描绘如今永定河的美，与前文回忆和感慨过去永定河由"盛"转"衰"的无奈和伤感形成鲜明的对比。通过对比的写作手法，更鲜明地突出了如今的人们终于醒悟而主动采取补救措施，才重新"迎回"美丽的永定河。作者最后通过一连串地问句，融入了对永定河的关怀和祝福，呼吁人们深思如何保护永定河，这个古老而美艳的母亲河。

激情生命的天堂

❀ **心灵寄语**

> 一座小城，孕育着一方坚韧无惧、率直忠厚、粗犷灵秀的人，历经沧桑，终于迎来蜕变，这是小城积淀的魅力，也是时代赋予的生机。

　　我曾在蒙古高原南端的张家口工作、生活了数十年，数十年的日子里，我感受着高原的阳光和风。高原的天空很蓝，云很轻，太阳很白很亮，光芒如钻石一般；风，四季从高原刮过。高原的夏季很短，又几乎没有秋季，仿佛夏季刚过，天就冷了下来，而冬天漫长而深远。

　　有风无风的日子，我都喜欢在高原的街市上行走，我曾数次迷失在高原城市的老巷深处，数百条网状的老巷迷宫一般缠绕。就是在这样走来走去的日子里，我发现并读懂了张家口这座城市的非凡，尤其令我惊骇的是历史曾从这座城市出发，经过城北崇礼的千沟万壑，最终在塞北、在辽阔的蒙古高原碾出了一条数千里长的国际商道。如果从 1551 年明朝批准在今张家口大境门外正沟、西沟（即今日之崇礼）与成吉思汗败北的子孙后裔们开办"以布帛易马"的

155

边界"马市"，到1929年中苏断交、商贸停止，从张家口至库伦（即今日蒙古首都乌兰巴托），一直延伸到恰克图（即今蒙俄边界上的一个城市），一条长达2000多公里的中俄贸易商道，整整运行了377年！十几年前，我曾在《商道》一文中即称它为"北方丝绸之路"。

那时，城市北边的崇礼没有自己的名字和专属建制，它属张北县下属的一个小区。就在我搜寻晋商发迹历史的年月里，我曾看到过崇礼——那些挑着扁担、推着木轮勒勒车、老官车的崇礼人，同走西口的山西人一起，从西沟和平门出发，走上了那条流沙滚滚、荒草萋萋的漫长商道……

我非常赞同崇礼文化人朱阅平对崇礼文化的定位：坚韧无惧、率直忠厚、粗犷灵秀。

人们说："一方水土养一方人。"我相信这是人与自然相依为命的天理；但我更相信，当在历史长河中形成的人文精神一旦作用于一片山河时，这片山河还会是原来的模样么？

回答应该是：定结圣果！

名不见经传甚至在曾经的千年里连名字都没有的崇礼，经受了历史漫长的磨砺，今天竟成为世界瞩目、成为人类激情生命的天堂！成为中国乃至世界滑雪赛事的理想之地，成为"东方达沃斯"！应该是上苍的力量与人格的力量共同孕育的成果。

20世纪80年代中后期，我曾到达与张家口市近在咫尺的崇礼，作为一家文学刊物的主编，我去崇礼寻找更便宜的印刷厂——一个印张仅仅一角四分钱，我们还想给人家压成一角二分。那时我看到，历史碾过了无数辙痕的崇礼，依然十分贫困；满街低矮的房屋，一律砖坯泥抹，灰土灰脸；山坡上的窑洞，老人般苍衰，无声无息；街面的沙土路，风起尘扬，地呛天灰……

几十年的艰辛走过……

两年前，当我再次走进崇礼，当我目睹激情生命从万龙滑雪场千米雪道飞翔而下；当我们乘坐云顶雪场豪华缆车暖椅，缓缓登临海拔 2000 米雪峰；当我们在雪峰看到已经举办了 13 届"国际滑雪节"的高山雪场；当我们远眺洁白蜿蜒的雪道如绫缎般从山顶飘然而下；当静静的夜晚我们漫步在楼幢林立的"东方达沃斯"小镇……崇礼人说：无论怎样，我们都要感谢每一个来到我们这里的人，他们是崇礼的福音。

上苍赐予崇礼大马群山长达 150 天的存雪期，冬季气温不低于零下 12 度，还有雪粒、雪质，还有山势、坡度，还有茂密的白桦林……谁说"天人合一"不是"万物相长"最澄澈的福音？

从 1996 年的一条雪道、一个雪场算起，到今日举办国际奥运的现代化雪场，一个产业——"崇礼滑雪"已走过了 24 个年头。随着崇礼滑雪产业的迅猛发展，冰雪经济在阴山山脉深处迅速崛起。"雪都崇礼"这一知名品牌已经成为世界认识崇礼的名片。

国际奥委会看到了这张名片，并信任名片背后这片神奇的山地，及山地里非同寻常的、晶莹美丽的雪花。眼下，与北京近在咫尺的崇礼，已有一条城际列车将两地连起，40 分钟就能从北京抵达崇礼。现在的崇礼，已是一个 2000 多万人口的国际都市的休闲运动乐园；随着 2022 年冬奥会的开场，中国北京、张家口正展开双臂迎接世界健儿莅临崇礼。崇礼，已成为人类创造生命奇迹的天堂。

曾经寂寞千年的崇礼，曾经拉勒勒车、住土房窑洞的崇礼，是什么福佑你走向了今天如此的辉煌？

现在的崇礼已建成 4 个风情滑雪小镇，4 个独立的滑雪场，雪道总长度超过数百公里，十几家星级以上酒店，容纳千人以上会议、会展中心，使崇礼成为以滑雪为主，集避暑、度假、观光、娱乐为一体的生态旅游产业格局。崇礼正敞开胸怀，迎接世界所有激情快乐的生命……

夜深了，漫步在塞北欧式建筑的"达沃斯"小镇，抬头仰望崇礼洁净的星空，远眺阴山山脉茫茫苍苍的群山，我深深地感恩：感恩上苍在这千年寂寞的山谷，缔造了一个美丽的"冰雪神话"……

精彩 —赏析—

通读本文，可以感受到作者是一位有着大爱的作家。她将满含深情的目光投向了西北部广袤的天地和人民，用细腻、真实的笔触，将张家口崇礼这个"没有自己的名字和专属建制"的小城独特的人文魅力、历史韵味和生态优势，翔实、动人地展现在读者眼前。文字中满含作者对小城获得发展的喜悦和爱意，这种博爱的精神隐匿在字里行间，随着作者的笔触，轻轻地触动着读者地心弦，使读者情不自禁萌生对这座小城的向往。最后作者寄予深切的感恩，"感恩上苍在这千年寂寞的山谷，缔造了一个美丽的'冰雪神话'……"，将情绪推向了高潮，引人深思。

与石为邻

🌷 **心灵寄语**

　　沉默的石头会带着神秘的天语与收藏者滚热的生命相识、相遇、相厮守。收藏者对石头的独特审视，造就了"奇石"收藏这个神秘的艺术。

　　我始终以为"奇石"收藏已是世间最神秘、最具震撼力的艺术。收藏者滚热的生命在与冥顽的石头相识相遇、相厮相守中共同完成了一种天人合一的造化。那天上来石已懂得收藏者的心灵话语，那收藏者自是参透了那顽石携带的来自宇宙深处的秘密，他们在相遇的那一刻，就已完成了一种属于造化的艺术。

　　我自知我收藏的石头还达不到这种境界，但我对它们的陶醉、对它们爱的执着使得它们即使不是"奇石"我也无怨无悔。就凭我把它们装在我的衣箱里，和我有着香水味的衣服裹在一起，一年又一年地从天涯海角把它们带回家，它们就能体恤到我千万里的旅途劳苦和一颗虔敬之心。

　　就先说我命名的那块"麦积山"石头吧——1998年我去中国西

部采访贫困与西部教育，途中我到达甘肃境内的麦积山。麦积山与敦煌同为中国著名文化胜地，麦积山的石窟艺术和佛像雕塑堪与云冈石窟、龙门石窟媲美，可我去过敦煌、云冈、龙门就是没去过麦积山，那次西行之路上我是下决心要去看看麦积山的。谁知，那直插云端的山脉、那盘旋在山体上拾级而上的，旋梯，我往上一站稍一低头便魂不附体，头晕目眩。印象里我不曾有恐高症，可我就是上不了麦积山，我一上就心惊胆战，屡试屡败，最终败下阵来，25元门票作废。

我在西部独自走过甘肃、走过青海、走过宁夏，从黄河东走到黄河西，从黄河北走到黄河南，有一天，在萨拉族居住的黄河边上，我发现了一块石头。这石头造型酷似我心仪已久的麦积山，那青白相间的石体，那蘑菇云状的造型，那山体、那旋梯、那石窟分明全都浓缩在这块石头上了。发现这块石头时我惊喜万分，我想这是佛祖赐予我的礼物，我上不了麦积山，他便赐我一块"麦积石"，这么一想我就乐了，就把这块石头命名为"麦积山"了！后来，我在西部走了数月，行程数万里，那块重达七八斤、酷似麦积山的石头一直装在我的衣箱里。当然，现在它已堂而皇之地坐落在我的石艺间，它并不起眼，但却有来历。

与麦积石一起带回的还有我在青海日月山农民手中购买的玛瑙石，还有几十斤重的采访资料，以及一大衣箱换洗衣服。你们想想，千里万里的长路，我是怎样如牛负重？！回家时丈夫接站，看到比情此景大吃一惊，连声嗔怪："你算完了！疯了疯了！"

不是说大话，我有时真的能把从"石商"那里很便宜地买到的石头硬是看出了名堂，以至价值几倍地翻番。行内人知道，石头的价值就在于你能否看出名堂，几片小石，你能看出那是马、恩、列、斯头像，那就成为价值不菲的艺术品，你看不出来，就是一文不值的碎石片。数年前，我去花市买花，花市旁边有一家出售奇石的小店，我进去走了一圈，花 30 元、50 元、100 元买回了几块石头，这个价钱是买不上有名堂的好石头的，只是看着好看而已。没想我把这几块石头放到书柜间后，天长日久地去看、去琢磨，我硬是把这几块石头看出了名堂——

你瞧那块：晨曦朦胧，群山逶迤，天穹深阔。天穹下白墙黑瓦的江南古堡，古堡前小河深潭，流水潺潺，流水里山脉伟仪的倒影，河潭上石块砌就的水桥、石路……一切都是那样安详静谧。那静谧使你仿佛能听到晨曦里的一声犬吠鸡鸣，那安详使你仿佛看到了母亲在清晨里烧出的第一缕炊烟。于是，我给这块石头命名为“古堡晨曦”。有命名就有了名堂，有名堂和没名堂的石头能一样吗？

还有那块：整个石体圆如明月，褐黄相间的石质浑然成图，很长时间里我并未看出这图案里的秘密。可就有那么一天，我在盯视了它很久之后，突然眼前一亮：那图案不分明是一只可爱的玉兔吗？它嘴里不是正衔着一片树叶吗？那横扫而过的一枝褐色不是一枝桂树吗？再一想，那圆石本身不可以想象成月亮吗？那玉兔不可以想象成嫦娥带入月宫的神物吗？圆月、玉兔、桂树，好了！“玉兔蟾桂”！我的这块石头居然组成了一个美丽的神话故事！一块顽石突然间成了一个美丽的故事，你说它还是一块平常的石头吗？

最让我的家人惊诧不已且喜笑颜开的是那块我从故乡的汉江边

背回来的石头，那块石头重达 14 斤，旅途中它曾坠断了我的衣箱提手。这块顽石属汉江边的鹅卵石却又凹凸不平，它的珍奇在于青白相间的两种天然石质生生组成了一个图案和两个汉字，那图案再笨的人也能识出是一只大鸟，那两个文字再没文化的人也能认出是"一日"。巧的是这白色的"一日"两字恰恰附着在青色鸟身上，如果不用心、不琢磨、不参悟，鸟就是鸟、字就是字，无所谓。可又有那么一天，我在这块石头前伫立良久之后，心里一悸，那鸟那字生生浑然一体，想想鸟"一日"的飞翔速度，那不是"一日千里"吗？当我把这块从 3000 里外的故乡背回的石头和一个穿越时空的成语连在一起时，我真是一阵心花怒放！最出彩的是，我丈夫生前曾说，你湖北人，本是"九头鸟"嘛，你背回来了你们南蛮子的图腾了！丈夫这一启发，更让我心生快乐与感激：我竟然在冥冥天宇间，漫漫洪荒中背回了象征我祖先的图腾凤凰，何以了得？

我还有从塞外沙漠里捡拾的"乱云飞渡""巢"什么的（都是我自己命名，一命名它们就活了），还有从山东朋友那里廉价"抢购"来的"晨啼""虎啸"以及三亿年前的三叶虫化石什么的，还有从汉江、涪江、万江河边捡来的这样那样的石头，虽不起眼，但都有我的体温。

总而言之，我喜欢石头，喜欢我从天南海北、山野洪荒中不辞辛苦背回来的石头，它们是我沉默无言的朋友。我知道，我和它们相互对视时，必有一种秘密的天语穿越时空在我心中通体流淌……

我有几块石头，不多，以石为邻，默默相处，共度岁月春秋。

精彩
—— 赏析 ——

　　本文以收藏石头为线索，通过列例自己收藏石头的几个事例，细致地描述了收藏石头的辛苦及乐趣，表现了作者对石头的喜爱和研究。"麦积山""古堡晨曦""玉兔蟾桂""乱云飞渡"……作者热衷于给自己辛苦获得的石头命名，每个名字或记录收藏的曲折，或展现石头的特色，或描述石头的来源，字里行间透漏出作者对收藏石头乐此不疲，甚至有些得意的情感。在作者看来，这些沉默无言的朋友会带着一种神秘的穿越时空的天语，与自己交流、相伴。

迷醉的石头

🌷 **心灵寄语**

　　某个物件的特殊意义一定时令人迷醉的根源，也正是因为它承载着特别的感情，才变得弥足珍贵。

　　我很迷醉一种石头，它不是那种散落在荒野、山涧、河滩的粗粝之物，它是深埋在地下、有着几亿年生命的精灵；它很孤独，在偌大的地球上只有三四个国家有它很少的同族，且已经在一天天绝迹。迷醉它，是因为它从地底来到人间时，美丽得有些惊世骇俗；迷醉它，更是因为有一天，我突然得知，它居然是我的生辰石和命运护佑石！茫茫宇宙，孤单的它居然默默护佑着同样孤单的我，这让我惊诧不已，更感激不已……

　　它，便是奇异瑰美的绿松石，也称松石。

　　绿松石有着几千年的灿烂历史，公元前 8000 年绿松石已走进古人类的生活，它是世间最古老的宝石之一。至今人们并没有破译它何以埋在地下几亿年竟变得如此美丽。是什么样的石破天惊、山呼海啸、地壳挤压、地火炙烧，煅造出它如此神奇的色彩、多变的纹理、独特的质地？因着它的独特、它的稀少、它的美丽，这些年来已成为人们心头的疯狂之爱。某一天，当我知道故乡十堰已被认定为"中国绿松石之乡"，这里的松石产品不仅质量甚优，且产量占世界产量 70% 时，我多年的迷醉里便混合了诸多的欢喜与骄傲。

每次回乡，我都要独自一人喜滋滋地串街跑市，参观绿松石店，跑了一家又一家。每每仰望店家壁柜里陈列的那些造型各异的大块原石和巧夺天工的工艺雕刻，抑或是专注玻璃柜台里或碧绿或淡蓝的美轮美奂的松石首饰、佩件，即便不买，我也无限心花怒放，无限心旷神怡。我感觉在这种时刻我才真正体验到什么叫"一饱眼福"。

于是，就总有朋友托我从家乡买绿松石项链、手串、耳坠什么的，我都乐此不疲。每当从松石店为朋友挑选这些首饰时，店主人总是喜盈盈地给我打折，当我回京把这宝贝连同发票交给朋友时，她们总是开心地给我一个拥抱又一个拥抱。

这些年，我也有了几件自己的珍藏，有亲自选购的，也有知己朋友赠送的。比如，福禄寿桃呀，吉祥慈佛呀，聚财貔貅呀，手串、项链、戒指呀，当然还有一颗又一颗小枣大小的绿莹莹的小石头，它们都被穿好了系绳，成为极美的吊坠。有时闲暇，我就把这些宝贝拿出来，放到床上或桌子上，一件一件地欣赏，如痴如醉地看呀、抚摩呀，直到看够了再一件一件地收起来。每当外出开会或采风，我都变换着佩戴这些绿莹莹的宝贝，惹得朋友们眼睛一亮一亮的。

我有一种感觉：我这辈子戴松石佩件就是我最大的快乐和幸福，我不会再羡慕其他的首饰了。

我很惊喜这种感觉赋予我的心灵平安和满足，戴上一枚松石"平安扣"，顿觉眼前无限美丽亮堂起来。就这样美丽亮堂地走进每一个日子。

绿松石在世界范围内，尤其是在欧美和中国的西藏，自古就被视为幸福石、吉祥石、成功石。在这些地方的文化习俗里，人们把世间 12 种美丽的石头对应为一年 12 个月的生辰石，即诞生石。不同月份诞生的生命就用不同的宝石来兆示你的福运，给你成功、幸福、战胜邪恶的力量。比如 1 月石榴石，2 月紫水晶，3 月蓝宝石，4 月钻石……12 月绿松石。绿松石还是公历 11 月 23 日至 12 月 21 日出生的人的幸运石，即守护石。它会护佑这个时段诞生的人，护佑他们的幸福和成功。

我是公历 12 月 6 日出生的，某一天，当我知道我的生辰石、守护石都是绿松石时，我才明白：这么多年迷醉那些绿莹莹的小石头，原来是命中有深缘呀。

我有几件心仪的松石佩件，我心满意足，美丽而小巧的它们在默默守护着我的幸福。

每个月的生辰石都有一个美丽的传说，那么绿松石呢？

有史料记载，说 13 世纪时，波斯商人经过土耳其把绿松石运到了欧洲，欧洲人以为这美丽的石头是土耳其产的，即称为"土耳其玉"。绿松石被称为"土耳其玉"达 800 多年。古埃及冥王奥西里斯被称为"土耳其玉之神"，王妃伊西丝则被称为"土耳其玉女神"。人们相信佩戴蓝绿色的"土耳其玉"，会有神力帮忙消灾解厄。事实上，土耳其根本不产这种玉，波斯商人手中的玉就是绿松石。在古波斯的历史中，绿松石被视为最具神秘色彩的避邪之物，被做成护身符，波斯人早已将绿松石视为世间神物。波斯商人手里的绿松石来自哪里？

写到这里，我想起了那个世界著名的意大利旅行家和商人马可·波罗，他在13世纪伊始就是经中东波斯，历时4年来到了中国，他在中国从南到北走了17年。13世纪波斯人传到欧洲的绿松石是否就是中国的绿松石？是否与这位旅行家和商人有关？

其实，绿松石的开采和加工远不止在13世纪。2008年在湖北十堰市郧阳乔家院考古发掘一处春秋古墓群，出土130多件春秋器物，其中71件青铜器，令人惊奇的是4号墓墓主双耳戴玉环，口含玉环，手握玉环，这些玉器均为绿松石磨制的饰品。而尤其珍贵的是其胸间佩有一把锋利的青铜剑，青铜剑柄上镶有美丽的绿松石，这把剑被称为楚国第一玉剑。更为惊异的是，这柄铜剑镶嵌绿松石处的黏结材料经有关部门检验，不是人们所熟知的动物胶、植物胶或矿物胶，而是含有大量的高级饱和脂肪酸酯的蜂蜡，蜂蜡是工蜂蜡腺分泌的脂肪性物质，由工蜂腹部4对蜡腺分泌出来构成蜂巢的主要成分，类似我们现在广泛使用的502强力黏合剂。想想吧，数千年以前的楚国，不仅有了精美的绿松石饰品，还有固定饰品的"万能胶"！我们该怎样仰望祖先？

乔家院这群墓葬地所在的郧阳区五峰乡，史料记载为春秋时麇国都城。公元前611年楚国灭麇，大批麇民被迁徙今湖南岳阳。由此证明早在公元前7世纪或更早，郧阳这里就已经有绿松石工艺制品。这就把人类发掘利用绿松石的历史比有史记载的13世纪提前了1400余年！

就在离郧阳乔家院发掘地7公里处的郧阳区鲍峡镇，自古就有一处绿松石矿，名为云盖寺绿松石矿，这里出产的天蓝色绿松石，无论色彩、瓷度均被世界公认为质地最好的绿松石。至今十堰市场的松石大多来自云盖寺矿区。早先，人们只知道云盖寺矿山很古老，究竟开采了多少年并不清楚。乔家院墓群出土的楚国松石玉器和第一玉剑，恰好实证了云盖寺绿松石矿的古老历史。经调查，云盖寺山内部开挖作业面已达 20 多层，上下垂直高度 150 米，采矿和运渣巷道长达 50 多公里！

今天，十堰之所以成为"绿松石之乡"，应该是有历史渊源的。

眼下，当地政府已决定将十堰打造成世界绿松石之都，将蜿蜒着数万米长、一百多米深古老矿道的云盖寺矿打造成"绿松石国家矿山公园"，将矿山遗址和生态保护结合，建成 5A 级景区。

我在想象：云盖寺矿山公园一旦建成，今人进入古老的山体，便进入了一个千古迷宫。祖先们世代的劳作和审美秘籍，便会在刹那间穿越万米地下巷道，进入我们虔敬而充满向往的心灵……

精彩赏析

作者开头点题"我很迷醉一种石头，它不是那种散落在荒野、山涧、河滩的粗粝之物，它是深埋在地下、有着几亿年生命的精灵……"，并运用拟人和排比的修辞手法，细细描摹了自己所迷醉的石头，倾诉着缠绵的爱意，深切的语言描述轻易地激起读者的兴趣——到底是怎样的石头令人如此着迷。而后作者清晰明确地讲明令自己迷醉的石头"便是奇异瑰美的绿松石，也称松石"。接下来作者通过描述绿松石的历史、特点，以及对自己的意义"我的生辰石和命运护佑石"，将对绿松石的"迷醉"表现的合情合理、充满意义。

把乡愁挂在墙上的人

🌸 **心灵寄语**

　　一种厄运的降临正是另一种命运的蕴藏。上帝为你关上一扇门的同时会为你打开一扇窗。如果你迎接了命运并改变了它，将会收获新生。

一

　　金秋十月，文学友人邹龙权亲自驾车，带我去他的故乡古城上津。上津之于我，已是老朋友了。自2010年我的散文作品《白发上津城》在《人民日报》发表后，我与上津便结下不解之缘。青山绿水一路护送我去上津，邹龙权告诉我，他在网上搜索发现：湖北、福建、四川等十几省的教育部门，都将《白发上津城》作为该省高考语文试题或模拟试题了。我听后一笑，心想，这缘是越结越深了。

　　小车在古城牌楼前停下，抬头一望，就见这34米高的牌楼巍峨得令人惊魄，作家贾平凹题写的四个大字"上津古镇"，就高高镌刻在牌楼门洞的顶端，牌楼镂绘彩染，雕龙画凤，庄严雄踞在金

169

钱河畔。

不能不在这样的巍峨前留影，不能不站在这里，再次谛听金钱河水潺潺流动的声音。10年前，我是站在这里听过这条河的水声的。

走，进城看看！邹龙权和郧西的朋友说。

驱车来到上津老城西门前，在就要进城的瞬间，我被城外一玲珑小巷吸引了。小巷古色古香，张灯结彩，一间挨一间的铺板门，沿石板路蜿蜒到小巷的深处，刚刚淋过雨的小巷，显得格外湿润洁净。抬头，看见街头挂一木牌，上写：上津四街。

啊，四街的小巷！

进小巷逛了两三家，便看到一家铺板门的上面悬挂一木质匾额"墨柳画苑"。遂即与郧西朋友走进画苑，只见屋内四壁挂满了琳琅满目的艺术品和奖牌，乍一看，不知这美轮美奂的画品为何物？不是绘画胜似绘画，不是镂刻却胜似镂刻，画面人物、花卉逼真立体，惟妙惟肖。邹龙权问："梅老师，看出这画是什么做的吗？"其实，轻轻抚摩这万千晶亮的小颗粒，我已有所悟。只听郧西朋友在大声说："这就是粮食画！也叫五谷画！"

是了，门口就挂着很艺术的三个字"粮食画"呢！可此刻，我还是惊得目瞪口呆。这是粮食做的画？是五谷做的画？粮食、五谷能做画？在此之前，我闻所未闻啊！这大千世界，竟有这样神奇的艺术！

就在我惊得一塌糊涂时，一个青年站在了我的面前。"他就是粮食画创始人汪礼根，"郧西朋友说。青年很瘦很高，看上去很健康阳光。青年笑盈盈地看着我。随后，青年就领着我看墙壁上的画。看着这些艺术品，我连连发出惊喜地追问：你怎么想起用粮食五谷作画，这太神了？你这些芝麻、绿豆、大米、小米、黑豆、红豆、草籽、荞粒都从哪儿弄来的？你怎么能有这些红米、绿米、蓝米、紫米、黄米、五彩米？你是怎么把这些芝麻粒、小米粒、草芥粒粘到这画布上的？你一幅画要粘多少粒五谷杂粮？一幅画要做多少天？你这画有市场吗？一幅能卖多少钱？

我脑袋里噼里啪啦涌出了这么多问题，但我向青年汪礼根问询时，还是轻言细语一个一个地提出问题。

汪礼根一直微笑着，一一回答我的问题。但他每回答一个问题，都要看一下手机。原来，他把我的问话已全部录在他手机上并转换成了文字。就在这时，有人告诉我，汪礼根是残疾人，自小就左耳完全失聪，右耳也不太好。你问的问题他不用手机录下来，是听不见的。

听此，我更是一阵惊讶，转身再上下打量汪礼根，我想我的目光里肯定有了更多的惊异、不解和钦佩。

墙上五彩的谷粒组成了栩栩如生的"鹊桥相会""上津古城元素""活泼的小女孩和狗""领袖、企业家画像""山水花卉""奔腾的古代战马"……这些养育我们生命的粮食，如今却如此美妙地挂在了墙上，故乡、田园、乡愁，美轮美奂地挂在了墙上，我真的感慨万千。

汪礼根说，这些年他已创作了100余幅粮画。

在世界粮食画大赛获奖作品"民族风情"前，我站了很久。看着画面上傣族女子的妩媚和飞舞的裙裾，我问汪礼根："这幅画你用了多少黑芝麻、黄米粒？"汪礼根说："两千多粒吧。""要粘多长时间？""大概一个月吧。"

"你做的最大的五谷画有多大？""长2米，宽90厘米，一位企业老板让按王健林办公桌后面那幅《鸿运当头》做的。做了半年，做完了自己嫌不好，留下，又重新给人家做，又做了半年。""要用多少粒粮食？""十几万粒吧。""人家给多少钱？""9800元。""那你这一年只挣9800元？""我不为挣钱，我只想对艺术负责，对顾客负责，不能把自己不满意的作品给人……"

我回头看了汪礼根一眼，想说什么，却欲言又止。

在2019年的"上海27届金玉兰艺术大赛"中，"民族风情"再度荣获金奖。站在那金光闪闪、极为精致的圆形奖牌前，我觉着我对眼前的汪礼根实在是刮目相看了：这是一位身体残缺但精神健美且有追求、有造诣的青年工艺美术师呢。汪礼根兴奋地告诉我，说这个奖是全国性的，是中国音乐家协会、中国舞蹈家协会、中国文化艺术教育家协会联合举办的音乐、舞蹈、器乐、美术、艺术大赛，是一个香港朋友辗转告诉他大赛消息的。汪礼根说他很珍视这个奖。

在入选中国工艺美术博物馆"新中国70年工艺美术成就展"的作品《禅音》前，望着窗棂里面古代弹筝的女子，我仿佛听见那纤纤手指弹拨出的悠扬琴声。

……

有人让汪礼根给我做个粮食画画像。但我郑重地发微信告诉汪礼根：你这种劳动极其艰辛，不要轻易说"送"字，若你正常收费我可以做，因为我真的很喜欢你的这种艺术，否则就免谈。

二

去上津古城 22 天后，我和汪礼根相约在十堰见。我想再和他聊聊，他说他也想和我再聊聊。

汪礼根来了。郧西电视台女记者王霞陪着他，他说王霞多次报道过他，对他很了解。我们谈得非常愉快，尤其是有王霞在，能时而帮助我们解释相互的问询，使我们的聊天更加顺畅。

我强烈地希望知道汪礼根何以走向粮画艺术而不是其他？我固执地认为一个人的艺术成功一定是有契机的。聊天结束时，这个问题似乎有了答案，那应该是汪礼根来到这个世上，上天赋予了他一种对艺术的挚爱。汪礼根出生在上津普通农家，4 岁时高烧不退使左耳完全失聪，右耳也时而患病化脓。家境的艰窘和耳残，使他不可能读很多书，初中上了半年就辍学了。倘若他是个健全的孩子，他很可能考入高等工艺美术学校，从事真正的美术事业，但他辍学了，只能和父亲一起或做工程或到外地打工。从小就爱在地上用石子摆画、小时候上手工课做个小木车就能跑 2 米远的汪礼根，虽然没有艺术师承，但那颗天赋的艺术种子是埋在心底的，埋藏的种子是不安的，是会时时躁动的，是要在心底挣扎的。因为种子总是要寻找机遇发芽的。

某天，内心困惑的汪礼根来到金钱河边，河滩上无数美丽的鹅卵石吸引着他，他开始在河滩上用卵石摆画。当他摆完"难得糊涂"四个字后，他笑了。他突然想，用河滩上的石子粘画该多好！可转念一想，石子这么沉重，很难固定在纸板和画布上啊！心底刚刚升起的艺术火苗瞬间熄灭。

也许，一种厄运的降临正是另一种命运的蕴藏。汪礼根常常有一种幻觉，那就是 4 岁那年随妈妈在麦场晒麦子时，突发高烧，数天不退，直烧到耳朵再也听不见声音。从此，麦场、麦事、阳光下闪闪发光的麦粒就埋在记忆的深处，又常常出现在眼前。

就在他困顿不安时，某一天，随妈妈晒麦场看到的一粒粒饱满的麦子，又突然出现在眼前。汪礼根内心不灭的艺术之火在那一刻突然被点燃：麦子、豆子是可以粘到画布上的呀！自此，一个世间稀有的粮画艺术之魂，便在大自然赐予我们的五谷粮食里诞生了。

多年后，汪礼根常常想：小时候妈妈请一位老先生给他起个小名叫"天赐"，老先生为什么给起名"天赐"呢？难道命运中真的有天赐吗？

坐在我对面的汪礼根思维活跃，笑靥纯稚。即使说到生活的不易，他也是微笑的。为买到做粮食画的各种谷米，他跑了许多省市，常常是踏破铁鞋无觅处；为了构思粮食画主题，他常常失眠到深夜；一幅作品主题确定好了，需要制版、构图，然后进行粮食选种、浸药、蒸熏、晾晒、一粒一粒地粘贴，然后增亮、定色、封面、装框等十多个流程；做一幅粮食画熬时熬眼熬心，数月也未必能赚上衣食钱。因此，妻子熬不过丢下两个孩子与汪礼根离婚了……

"那孩子现在怎么办？"我问。"我妈妈帮我带，"汪礼根说。他说再忙他都会对家对孩子负责的，每天接送孩子上学、放学，再忙也骑车回家给孩子洗衣服。他还说，他 8 岁时就学会做饭，婚前婚后都是自己给家人做饭……

我从来不屑为事业而不顾家不尽责的人，由此，我觉着眼前的年轻人更值得我尊重，我理解他的艰辛和孤独，他的责任和追求。

三

汪礼根来十堰时，真的带来了为我做的五谷画。看到相框里有些神似自己的粮食画，我惊喜不已！汪礼根说，他为了赶在我回北京前做好这幅粮食画肖像，加班加点做了 22 天；他说这幅画用了 7 种谷米：黑芝麻、白芝麻、绿小米、白小米、莜麦菜籽、红粟子、黄粟子，2 万余粒谷米经技术处理后的肖像能保存百年不虫咬、不褪色、不变质。又说，我们都是吃五谷粮食长大的，五谷能作为艺术肖像，乃是世界上最具神韵的艺术珍藏。

反复摩挲这奇特的粮食画肖像，我对汪礼根说：谢谢你！你创造了五谷画，也创造了你卓尔不凡的艺术人生。

我请汪礼根、王霞在十堰宏正大酒店用午餐，十堰著名书法家黄家喜、叶继成，文学友人李洪领一起前来相聚。都是艺术心灵的聚合，当有一番快乐与喜庆。

汪礼根回上津的路上，我用微信支付他 3000 元，这是他给我的优惠价。我同时发给他一条微信："上帝为你关上一扇门，同时为你打开一扇窗。你迎接了命运并改变了它……"

精彩
—赏析——

　　本文作者讲述了自己与青年画家汪礼根相识的过程。汪礼根 4 岁时因高烧不退导致耳聋，但对艺术的天赋和追求，让他走向了粮食画艺术，并最终获得成功。作者在文中对"汪礼根何以走向粮食画艺术而不是其他？"产生了深深的好奇，并在与汪礼根的交谈中，找到了答案"那应该是汪礼根来到这个世上，一种天赋对艺术的挚爱……"在看到汪礼根耗时 22 天为她做的五谷画肖像，作者难掩心中的感动："看到相框里有些神似自己的粮食画，我惊喜不已！"汪礼根对艺术纯粹、执着的追求，令作者叹服，也令万千因本文了解到他的读者叹服。

寻找家园

🌸 心灵寄语

　　在人类的故园，河流永远是最母性、最阴柔、最祥静的风景。而精神中的"河流情结"告诉我——无论我怎样漂泊，最终我总会找到家园。

一

　　我曾在我的一部书的扉页上写过一句话："我始终认为，在人类的故园，河流永远是最母性、最阴柔、最祥静的风景。我精神中的'河流情结'告诉我——无论我怎样漂泊，最终我总会找到家园。"

　　我相信我的生命里有一条河在天长地久地流淌……

　　在鄂西北我诞生的那座具有 3000 年古老文明的小城脚下，有一条大河——汉水。汉水被鲜明地标示在中国地图上，它是长江最大的一条支流。汉水被现今的人们称为"中国的多瑙河"。据证，它是中国目前唯一没有被污染的大江。21 世纪初叶，南水北调中线工程就是引这条江的水解救中原、华北和北京的水危机。

　　汉水携带着遥远的神秘，千秋万代地向我诞生的小城飘逸而来，然后极具母性地把小城团团围住，小城呈半岛状依偎在汉水的逶迤与润泽之中。

我在河边长大。

真与美、善与想象也在河边长大。

"妈，大河从哪儿流来？它又流向哪去？"望着迎面飘来又远远飘去的江水我问母亲。

我想，从那时起，一个纯情女孩就一直站在江边，忧伤地谛听来自河流的一种秘语——无论后来她离那条河有多么遥远……

小时候，我常和男孩子一起在夏天的大水过后，到沙滩上挖"浪柴"。"浪柴"是发大水时，从上游冲击下来的树枝、树根，它们已被咆哮的江水剥离殆尽树皮，只剩下光腻的、长短粗细不一的内杆，被一堆一堆地掩埋在淤积的沙滩里。

到河滩挖"浪柴"的记忆至今都是幸福而快乐的——尽管那是童年十分辛苦的一种劳作。只要你向河滩的隆起部位走去，几锄挖下去，你便会发现成堆的"浪柴"，一窝一窝的柴棍儿黑压压草虫般挤簇在一起。这时，你的惊喜不亚于发现了一室一窟的宝藏。你的收获少则几篓几筐，多则一船两船！小城里的男娃女娃扛着挖锄、背篓、口袋向河滩走来，他们在十分纯情的童年里便开始享有如同淘金者一般的执着和惊喜。

黄昏，挖"浪柴"的孩子们在河滩上翻筋斗……

一个头发、耳朵、脸上都挂满了沙粒的女孩仰躺在沙滩上，她把脚丫翘得老高。脚趾上的沙粒在阳光下闪闪发光。她总爱一个人这样仰躺着，望着脚趾上闪闪发光的石英质沙粒出神。小女孩在想什么呢？她自己也不清楚。

河滩广阔而细腻，皮肤一般；河水已恢复了往日的安详与宁静，夕阳的光辉辐射在河水上，河面像撒满了金子……

纤夫们"吭唷"着沿河滩匍匐而来，他们脚手撑地，身体蜷缩在阳光下，隆起的脊背在小女孩忧郁的目光中漆黑发亮，有血红色反光。有时，小女孩好奇地踩踏着纤夫们深深的大脚窝沿河行走，小脚丫复大脚丫，小女孩追随到很远……

许多年来我都在想，一个女人日后与那条河的恋情以及她一生的艰辛与梦想，兴许从那时起，就藏在她脚趾上闪闪发光的沙粒上，抑或是河滩上"小脚丫复大脚丫"的寓言般的追随里了。

当然，童年很快乐的另一件事出现在5月。5月有一个盛大的祭典在江边举行，那是一个节日。节日里，我们胸前挂着母亲亲手缝制的好看的丝线香包，香包里装着清香的草艾，耳根涂抹着掺了"雄黄"药的酒液，然后牵拉着母亲的衣襟，到江边参加祭典。母亲说，江水下边有一个好人，他死了。祭典死了的，修缮活着的……那时，我不懂母亲的话。

我们和母亲挤在人群里，而我们的目光总是很努力地在人头攒动、千舸竞渡的江面寻找我们的父亲——我们的父亲每年都是这个祭典节日里很活跃、很光荣的一员——他总是很健美、很努力地从几百米宽的江面第一个泅渡到江的对岸。

但我们的父亲最终没能从他生命的此岸泅渡到他生命的彼岸便猝然消失了。此后，在故乡的江边，我目睹了一种人类的苦难，目睹了生命的惊惧和毁灭，目睹了命运的猝然倒下，目睹了生离死别、家破人散。我用一颗孩童的心体验着破碎、孤独、死亡和"灭顶之灾"……

如果那条天长地久的大江没有浮载了又水葬了我的亲人，如果我的童年在那条江边没有把人生的全部模拟完毕，我不会走向文学；

如果我的目光总是充满惊惧，如果我的心灵永远被苦痛蹂躏，如果漫长的受难最终没有复生、复生之后没有突然地离去，我不会走向文学；

如果幸福和苦难没有轮回，如果天堂和地狱没有接纳灵魂的善恶之分，我也不会走向文学。

是的，江边曾经发生的和以后永远离别的都成为纠缠我一生一世的情结。如果说，文学创作之前我有什么准备，我是不是可以说，是上苍恩赐了一条远远向我流来又远远离我而去的大江，以及江边的站立和倒下，江边悲风徐徐的前行和故去……

二

不错，我是把哭泣和血液沉淀在文字之中了。在我走过的路上，这些文字像雨，润沃着我路边的土地。于是，路边的灿烂一个片段、一个片段地出现。匍匐的草花或金黄或玉白或血红……我常常回过头来，很欣喜也很伤心地凝望这些并不起眼但却十分生动盎然的小生命，我总是被感动得泪水涔涔……

是的，我曾经在很长的年月里急于倾诉那些指涉我个人和家族凄清苦难的历史的回忆。这些回忆犹如毒蛇般咬噬着我的内心，而最终又以一派神性的光照，慷慨地赐予我天地间无与伦比的善美、崇高和隽永。博大的赐予使我内心变得清澈而滚热。一种极其纯粹的渴望表达和宣泄一再地使我不得安宁。于是，属于我的文字一篇接一篇地在北方南方的报刊上出现了。编辑们每每很欣喜地把这些文字编发在刊物的头条和报纸的显著位置上，他们称这些文字是"很动人的诗"和"很忧伤的散文"。此后，人们便开始注意到一个有着清纯、冷馨、诗意名字的女人连同她清纯、冷馨、诗意的文章。再后来，人们称她为"作家"。

　　长期以来，在公开场合，我总是羞于启齿称自己"作家"的。这倒不是我不觉得这个称呼的神圣和光荣——我曾是那样如痴如醉地把这个词汇和我一生的梦想甚至我的生命连接在一起——恰恰是中国人习惯把这个词汇看得过于神圣，甚至看作一种至高无上的荣誉或是特权而不是职业——像工人、农民、公务员、学生、军人那样的职业——我才感到诚惶诚恐。我总在担心我的思想与才气、我的创作与劳动是否全部符合这个名分的真正质地。

　　创作从急于表达、渴望宣泄到自觉不自觉地化作一种生命形式，这预示着人的精神成熟和皈依的完成。人生没有高地尽是高地，艰难地跋涉不断带给我们"到达"的喜悦和兴奋。随之，我们会发现前面的路依然很美，山依然很高，没有终点，没有止境。因此，我们永远无法获得"到达目的地"的极乐，我们的快乐、惊喜、幸福仅仅是生命跋涉过程中对于位置的坚守和忠诚。现在，"作家""诗人"——前面还常常贯以"著名"——满世界都是。"时代没有了尺度，没有了矜持，没有了起码的严整性和庄重感"，某位作家语。文人表现出从未有过的虚荣和贪婪，他们像政客那样变得很市侩也很势利，他们贪婪名利地位，他们欺弱怕硬，他们的手伸得很长，他们擅长沽名钓誉和贼喊捉贼，他们不负责任和不大光明起来比政客还有恃无恐，他们缺乏健全的人格和全新的人文精神……

创作需要拯救，文人需要精神安详。最好的办法之一是重新面对我们远离了的那片故乡的土地，故乡的那条河流或那条山径，那片闪烁着阳光的沙滩，那架在旷野里转动的水车，那片山腰间一层层延伸的稻地，稻地里扶着锄把、戴着斗笠的父亲和父亲的一声已经苍老的叮咛……

皈依我们的家园吧。唯有家园朴实的温慰会使我们安详宁静，最终将创作视同为自己的呼吸。

是心灵呼告的需要，似呼吸喂养着生命。除此之外，创作还能解释为什么呢？

三

人从哪里来？到哪里去？这是哲学永恒的命题。面对现代人生存信仰、精神追求的不断迷失，人们越来越深刻地希望在心灵深处保留一片古老的绿荫。这时，故土情结便成为联结人类生命和归宿的最好去处。作为自然之人，我们从脱离母体之时起，已经成为某种意义上的流浪者。寻找家园、寻找母亲最终会成为我们的永远牵念，成为我们万古不竭的精神主题。

浪漫派诗人诺瓦利斯说过："哲学原就是怀着一种乡愁的冲动到处去寻找家园。"文学尤其如此。离别地理意义上的家园，乡愁会笼罩我们一生。这是人类的悲剧特质。但正是这一特质，再铸了我们新的生命——所有精神意义的寻找，最终都会回到寻找者生命诞生的那片山地。

15 岁那年，我张大一双惊恐的眼睛，无奈地逃离了鄂西北故乡——那座铺满石板路的古城，那片皮肤般细腻温热的沙滩，那条撒满了金子的大江。

许多年过去了，我都在想，倘若不是那次"出逃"，我现在必定已成为鄂西北山地一个庄稼人的老妻，一个不懂得计划生育而生了四五个儿女的妇人。而又因为"出逃"成功，乡愁就成为我生命时光里永远的隐秘。日后，在我大量的创作里都牵涉到这一隐秘，它几乎凝聚了我对这个世界全部的感情。没有离别，我绝对是另一种意义的艰难和平庸；而离别最终又使我成为一个怀着乡愁四处寻找家园的人。这是一个悖论，我在这个悖论中寻找自己并证实自己。

当我最初拿起笔，小心翼翼地、一笔一画地书写乡愁时，我已大学毕业 10 年了。10 年里我都居住在塞外一座明代就已很文化很繁荣而现代衰落了贫旧了的老镇上。我在老镇一所砖砌的窑洞里——窑洞一排就有上百间——守护喂养我的儿子，丈夫 10 年不在老镇上。后来，我就在砖砌的窑洞里和一间门顶挂着"财务室"牌子的屋子里，开始书写生命最初的颤音。隔壁办公室里，男人们在打扑克牌，争吵和摔牌的声音很响；同室工作的女孩不停地在织毛衣；我刚趴在办公桌上偷偷写文章……

我在我居住的窑洞和那间财务室里，断断续续写了 3 年，直到后来调离老镇到塞外大一些的城市，直到后来从事真正意义的文学编辑和文学创作。我体验着那块准高原地带漫长的干旱和寒冷，体验的气息把我和遥远的南方母土以及母土上或远或近的声音纠葛在一起，使我看见了生命从未预望过的山峰——从山脚下起步，我看见山顶岩石都在开花，我被感动得泪水涔涔。山顶上有什么？山那边是什么？追问近似于斯芬克斯之谜，一直诱惑着我。

　　我就是这样在老镇上写下了我对这个世界最初的感恩。我常常含泪对自己讲述我的回忆。日复一日地讲述，使我进入不断失去又不断获取的生命意境。也许，从那时起，就该视作一个35岁的女人开始的新的生命奋斗和日后她精神永远的找寻。

　　塞外几乎不经过秋季便寒冷了起来，繁树绿叶常常在一夜之间被突然冻僵。天亮，你会发现冻僵的树叶纷纷飘零。风裹着青色飘零，发出"嚓嚓"的碎裂的响声。黄沙大面积从北方的天空扑泻下来，拍打着糊白麻纸的窗棂。这时候，我感觉有一种伤感和疼痛离我很近。故乡那么遥远，而往事却飘然降临——

　　……父亲挑着一只木脚盆，脚盆里装着破旧的棉絮；一只土瓦缸，缸里有一只铁锅和一点点剩米……母亲牵拉着幼小的弟妹，一步一个含泪的回眸……亲人们无声地穿过那片草场，走下一大排石条台阶，走过那口老井、那条老巷、那座老城……我独自坐在草场北端的石坎上，伤心地望着渐渐远去的亲人。在我埋头哭泣的瞬间，他们消失了，消失在秦巴山东麓的山径上。

　　秦巴山东麓山径上蠕动的小黑点。飘零的树叶。卑微如草如蚁的人生……

　　我这样写着。塞外冬季的寒风尖啸着，扑打着我糊白麻纸的窗棂，炉子的火熄灭了，我的儿子睡着了……我这样写着。啼血的回忆让伤逝的岁月和我的生命连接在一起。我已这样写了15年。我在我15年的文字里面看见我南方的故园，看见生命的劳作、屈辱、忍耐和不灭不泯，看见我和我的亲人们始终手拉着手，穿越天堂、地狱，最终走回我们的家园……

精彩
——赏析——

　　"我始终认为，在人类的故园，河流永远是最母性最阴柔最祥静的风景。我精神中的'河流情结'告诉我——无论我怎样漂泊，最终我总会找到家园。"

　　文章一开篇，作者就用这一句话总起全文，点明文章中心，既表明了在作者的心中，河流与家园有着密不可分的关系，又为下文讲到"我"家乡的那条河——汉水做铺垫。其间，作者很巧妙地运用了过渡段，将笔锋从家乡的汉水转到"我"与汉水的故事，进而引出父亲在祭祀时沉寂汉水。而父亲的死，是故事的转折点，也是作者情绪的爆发与转折。这也就有了后文作者寄情于文字创作，找到属于自己的精神家园。整篇文章分为三个部分，而三部分的故事联系紧密、有缘由因、条理清晰，三部分所表达的情感更是层层递进，最后一段又与开头相呼应，点明作者找到了"精神家园"，升华了文章的主题。

▶预测演练三

1.阅读《千年汉水》，回答下列问题。（13分）

（1）下面对文章的分析与概括，不正确的两项是（　）（　）。
（3分）

A．依据《诗经》中的一些诗歌内容以及尹吉甫的墓地所在，可以推断中华诗祖尹吉甫活动的范围包括汉水流域。

B．美丽的古代情诗显出汉水流域的儿女们深情的气韵，也显出了先民梦境般的追寻。

C．在汉江边走过了悠远的110万年的"郧县人"，推翻了"亚洲人是从非洲迁徙而来"的定论。

D．汉水孕育了华夏民族中博大精深的荆楚，楚文化至今彰显着它千年的辉煌。

E.丹江口水库大坝2005年加高至162米，使南水北调中线工程进入实质性阶段。

（2）文章前半部分引用《诗经》中与汉水有关的爱情诗有什么作用？（3分）

_____

_____

_____

（3）作者从哪些方面描写汉水的？（3分）

_____

_____

_____

（4）"她一入世便被这亿万年缄默的石头哲学了；她一上路，就被那株千年的丹桂阴柔了！"，依据文章内容，探究作者为何会有这样的想象。（4分）

_____

_____

_____

2. 写作训练。（60分）

阅读《柴桑有个贤母园》，分享自己的所感所悟。题目自拟，文体不限，不少于600字。

参考答案

★试卷作家真题回顾★

【听　水】

1. 作者在水边诞生、长大，后来又沿河出走，水给了她广阔而丰富的爱，水声里包含伟大的慈爱与慰安，并给了她做人的信心和勇气。（长大1分，爱1分，慈爱与慰安1分，信心勇气1分，共4分）

2. 引出下文"我"对栈道和悬棺的思考；写男女青年对我的话的反应，说明水声不仅能给作者还能给其他人以人生启迪；使行文避免了以一个人口吻叙述到底的单调感，增加了文章的跌宕感。（每点1分，共3分）

3. 大河给了纤纤鄂西女子王昭君蔑视权势，毅然选择命运的傲骨；我们的祖先活着时为生存而奋斗着；死了，他们依然在关注后代的命运，那些崇高的努力告诉我们该珍视人类今天为改变命运所作出的一切努力；今天三峡大坝已经截流，发现人类文明的进程无不是一代又一代人用重重叠叠的脚印踏出的一条长路，路上文明相系相携的链环最终挽扶着人类走向新的生存维系。（每点1分，共4分）

4. 我们的祖先关注后代的命运，我们就总是与我们祖先那些

188

崇高的努力相关，我们祖先的奋斗和我们现在的奋斗是连在一起的。（祖先的奋斗为我们铺就了今天的道路，他们是开拓者。）（大意对即可）（3分）

5. C（3分）

【解析】C项不是突出王昭君带来的藏传佛教对这里的影响，而是说明人们对王昭君的怀念以及王昭君本人对这里的影响；

6.（1）角度：①善用长句，华丽，多角度修饰。如"阴柔的、安详的、生生不息的那条江的水声啊"，"阴柔"从感情方面表达母性的柔情，"安详"描写河的自身生存状态，"生生不息"表达了河的生命力。②善用修辞，比喻、拟人、排比较多。比喻如"水声……像不知疲倦的、催眠的、母亲的手"拟人如"江风挟裹着水腥味钻进舱来""月光孤独而凄婉，""唯有这'母亲的手'从容慈祥地拍抚"排比如"默默地看大江流向大海的风景，默默地倾听葬在水下的音乐，默默地理会浮出水面的灵魂"。③充满想象力。如"想着这些，我就仿佛听见……听到……"。（3分）

（2）角度：①"形散神聚"。本文以水声为线索，作者展开想象和联想，联想到自己的过去、现在，联想到文明从古到今的发展走向，展开议论抒情。②结构上腾挪跌宕。联想古今交错穿插，而又过渡自然。③首尾呼应。开头说"从三峡回来……"，结尾又说"再去三峡……"。（3分）

【白发上津城】

1.AD（5分）

【解析】A项中"消除……误解"的理解不合文意。实际上引用这个成语是因为作者要对上津这座一千多年中在"秦岭深处的楚塞秦关的举足轻重的位置"的中心议题来进行借题发挥。D项中"既欲揭露封建统治者生活的腐朽荒淫"的理解不合文意。作者的引用主观上无此意图，仅是诗中客观上反映了诗人的意向，本文作者要表现的是上津古城在历史上发挥的重要作用。

2.①紧扣"古老"二字，把重点放在上津城1000多年来作为军事重镇和交通要道的举足轻重的位置上来进行述说，突现上津古城自古饱受战争创伤和在交通运输上发挥重要作用的历史。（3分）

②通过写戏楼呈现秦楚两种不同文化相揖让的百年牵手景象和鄂陕息息相依的景象，以之与上津古城饱经战争创伤的千年历史形成鲜明对比，表达作者对现实生活中一派和谐安定景象的赞美之情。（3分）

3.①表现出了作者对怎样保护好上津千年文化古城的忧患意识。（3分）

②作者运用联想和对比衬托的方式，将千年的郧阳府城和均州古城的沉没与眼前的上津古城联系在一起，以表现自己情感上要"保护好上津古城"的忧患意识。（3分）

4.白须仙翁的上津，童颜稚子的镇长，一老一小的鲜明对比，不仅说明千年古城的生命在延续，并且充满了生气和活力，而且形象地表现出了中国传统文化的沿革、继承和发展。这样的结尾，作者一扫前文中走在古城墙上"心中倏忽一颤"所流露出来的沉重的忧虑情思，展现出的是眼前从年轻镇长身上看到的千年古城将永葆青春的一片光明景象，透露出的是作者对中国千年传统文化继承发展的美好未来前景无比憧憬的开阔胸襟。（每点4分，共8分）

【风中的芦苇】

1.D（3分）

【解析】理解有误。此句是指人类过度垦荒对生态环境造成了灾难性影响。

2.B（3分）

【解析】解读片面。除了柔美之态，从声的角度重在表现芦苇的勃勃生机。

3.①华北这一人物是20世纪50年代末勇于奉献的拓荒者代表，也是大洼几十年变迁中的见证者与建设者代表，他的命运与大洼的命运休戚相关。（2分）

②他对大洼历史的介绍丰富了文章内容，不仅表达了他对芦苇的喜爱赞美，还体现了对人与自然关系的反思，拓展并深化了文章的主题。（2分）

4.①相同之处在于表面形象，两处"芦苇"都指自然界中的普通芦苇，形态纤弱。②不同之处在于精神内涵：帕斯卡尔说的"芦苇"，重在表达思想对于人的重要性，人类虽个体生命脆弱，但因富有思想而成就伟大；本文中的"芦苇"，虽遭遇不幸却能万劫不死、代代重生，体现生命的高贵与尊严，表达作者对柔物生命的赞美。（6分）

【古树深情】

1.AE（3分）（选对一个得1分，全选对得3分。）

【解析】A项表述偏颇，本文主要目的在于表现移民的乡土情结。E项所举例证不符合抒情性这一特点。解答此类题一定要在整体理解的基础上，到文章中找到关键句子，然后细细揣摩蕴含在其中的内涵。

2.①综合运用比喻、拟人、排比的修辞手法；②运用排比，增强语势，内容层层递进；运用比喻，把古树比作老者、父亲母亲、圣者，形象生动地描写出古树擎天立地、苍凉庄严的特点。（4分）

【解析】本题考查品味精彩的语言表达艺术。画线句子中"它们"领起的句子出现了三次，且句子结构相似，因此修辞可想到排比，比喻、拟人的表现手法在句中很明显。分析时先点明手法，然后再根据这些手法的作用嵌入具体的文章内容即可。

3.（1）银杏树见证了村子的沧桑变化，如神灵般庇护着村子和村民；银杏树是村民的精神依靠，体现了村民对银杏树的敬重之情。（2分）

（2）第⑬段在结构上起到承上启下（过渡）的作用，承接上文李爱武讲述每一棵古树的故事的内容，引出后文村民回到古树园

寻根祭祖的感人场景。（2分）

【解析】本题第一句考查理解句子的含意。理解本句要抓住一个"神"，再结合第⑫段"他们像呵护神灵，又像呵护老母亲"来理解；第二问考查品味精彩的语言表达艺术。因为在中间，所以术语要想到承上启下这一术语，然后结合上下文嵌入具体内容即可。

4. 我认为移民安置工作的关键在于注重移民心理帮扶，给予其精神抚慰，帮助其重建精神家园。国家常因工程建设移民，如三峡工程移民，或因灾移民，如地震移民等。但中国人普遍存在安土重迁的观念，乡土情结深厚。移民搬迁让他们舍弃自己世代居住的生产、生活环境及根植于这块土地之上的精神家园，置身于一个陌生环境里，背井离乡。这就造成了移民心里的孤独感、失落感。因此，移民安置的关键是心的安置。把移民的心安置好了，才能让他们在新环境中安居乐业。（观点1分，阐述3分。）（其他角度：切实保障移民的物质生活和生产、就业等方面的需求；既要保障物质生活，也要给予精神抚慰；政府部门及干部工作应阳光、廉洁、公开和透明等。言之成理即可。）

【解析】本题考查对作品表现出来的价值判断和审美取向作出评价。解答时要紧扣"物质"与"精神"两方面来考虑。要突出移民安置工作的人文化。既要紧扣文本内容，又要密切联系现实，要体现出个的见地。

★ 试卷作家美文赏练 ★

【预测演练一】

1.（1）作者怀念和阿三童年时期美好的友谊，在童年时阿三的善良和友好，给作者的心灵带去了莫大的慰藉。（或者列举阿三对作者的友好表现亦可。）（3分）

（2）因为在班里的男生们总是冲着作者喊她爸爸的名字取乐时，阿三告诉作者："我没有喊过你爸爸的名字。"这句话给作者带来巨大的安慰，而阿三那双明亮的眼睛很纯真，很友好，很平和，使作者非常信赖。（3分）

（3）这是对成长的一种感叹。很难过，我们都长大了，明白了许多道理，有了更多的束缚，再也回不到童年时的纯真，过去的感情只能存在记忆中了。大家都改变了很多，再也回不去了。（3分）

2.（1）作者引领读者想象楼兰城的富裕和繁华、楼兰人的惊恐与绝望。通过形象、细致的刻画，突出了作品的历史气息和文化内涵；通过盛与衰的强烈对比，引发读者的警醒与思考。（4分）

（2）①结尾处立足于"生存教育"，发出面向全民、面向未来的呼吁，呼应了作者在宁夏采访时发现的教育缺失现象。直接歌颂了治沙者与命运抗争、挽救生存环境的功绩。告诫后人，要有环境危机感。（2分）

②这样写，直抒胸臆，悲怆和震撼之情强烈；切中时弊，立意深远，给读者留下思索的空间、深刻的印象。（2分）

（3）例如第五自然段中，宁夏的人民以挖掘甘草维持生计。"人们居然不知道这一代又一代的挖甘草已经把宁夏整个的生存环境给毁得面目全非……"表现了人们还没有意识到保护环境的重要性，悲剧还会重演。（3分）

（4）爱护花草树木，从身边的小事做起，培养自己的环境保护意识。（2分）

3.略

【预测演练二】

1.（1）①表现母亲腊月里为家人准备食物的精心和热情，营造了浓郁温馨的家庭生活氛围；②突出母亲对家人的这种爱与温柔，给"我"留下了温暖美好的印象，对"我"影响很大，为下文"我"享受为家人精心准备食物做铺垫。（2分）

（2）这句话其实包含了作者对生活的种种感叹：①受母亲的感染，我喜欢上了做饭，不过自母亲去世，便再也吃不到母亲做的美食了。②儿子们长大、各自成家，丈夫离世，腊月寂寞了，孤独的作者便也不愿也无心做美食了。③如今在儿子家享受天伦之乐，作者便把对母亲、丈夫的怀念和对儿孙的爱融进现在所做的美食中。这样的感叹表达了作者对亲人浓浓的爱。（3分）

（3）多多："奶奶，我想让我永远在你心里。"奶奶回答她说："多多永远在奶奶心里！奶奶也永远在多多心里！"

【赏析】多多童稚的语言，表达了孩子真切的愿望，以及对奶奶的爱与依赖，希望奶奶永远爱自己，愿意与奶奶永远在一起。这句话使年老孤寂的奶奶感受到被需要和被关怀的快乐，而奶奶的回答表现了对孙女的疼爱和在孩子稚嫩言语中获得的感动之情。（言之有理即可）（3分）

（4）①腊月的味道是临近过年时食物的诱人味道；②也是为家人准备食物时幸福的味道；③更是家的味道，亲情的味道。（言之有理即可）（3分）

（5）①作者先是记述了小时候尽管家境贫穷，但腊月时母亲仍会尽力为儿女做美食的温暖的回味；②再是作者成家后，在腊月为丈夫、孩子做美食的幸福的回味；③儿子们成家、丈夫离世后，作者孤身一人，腊月里便不愿好好做饭的孤独的回味；④去儿子家与小孙女度过快乐幸福时光的回味。（4分）

（6）①从文章的艺术特色的角度：文章文字质朴，虽写家庭琐事，读来却线索清晰，如话家常，娓娓道来；且文章的情感变化起伏跌宕，亲切真实，易引发读者共鸣。②从情感角度：作者对腊月的回味横跨两代人，温情始终萦绕，让我们感受到温暖友爱的家庭氛围会代代传承。我们要学会读懂长辈的内心情感，多陪伴，尽孝顺之心。（言之有理即可）（3分）

2.（1）拥有2000多年历史的韩家洲，人们即将因为南水北调工程而面临搬迁，作者感叹这里的文化将结束，人们不得不迁离自己的故乡。（3分）

（2）①总结了韩家洲千年的历史和文化。②说明尽管韩家洲的人们离开了充满文化气息的故乡，但是历史会随着人们的生命和记忆世代传承。（2分）

（3）作者一句句的感叹和呼喊，将韩家洲人对故乡的不舍和深深的依恋表现得淋漓尽致。（2分）

（4）①深刻地说明故乡对人们的意义，进一步表达了人们迁离的故乡的无奈和难过。②表现了人们对祖国热爱、尊重和支持，将家国情怀淋漓尽致地表现在文中。③讴歌了故乡人民为祖国建设作出牺牲的精神。（3分）

【预测演练三】

1.（1）CE（3分）

【解析】C项描述不准确，文中并没有说明是推翻了"亚洲人是从非洲迁徙而来"的定论，只是对这个定论产生了冲击。E项描述错误，丹江口水库大坝2005年加高至176.6米。

（2）引出后文对汉水的叙写，说明汉水文化的质地，也揭示汉水对中华文明的重要意义。（意对即可）（3分）

（3）汉水文化在《诗经》中的彰显；汉水的发源、途径地及产生的文化；汉水新的担当。（意对即可）（3分）

（4）作者这样想象是借石头和丹桂树突出汉水刚柔相济、深沉庄重的特点。汉水的风格是温柔舒缓的，汉水以飘逸、俊秀、潇洒、宁静的状态，以不亢不卑的文静和庄重，大跌大宕地穿越，至情至爱地给予，担当着大悲大喜、大苦大任，养育了人类，滋润了先民的深情，培养了许多杰出的生命，孕育了辉煌的荆楚文化。（意对即可）（4分）

2. 略

― 试卷上的作家 ―

初中生美文读本

序　号	作　者	作　品
1	安　宁	一只蚂蚁爬过春天
2	安武林	安徒生的孤独
3	曹　旭	有温度的生活
4	林　夕	从身边最近的地方寻找快乐
5	简　默	指尖花田
6	乔　叶	鲜花课
7	吴　然	白水台看云
8	叶倾城	用三十年等我自己长大
9	张国龙	一里路需要走多久
10	张丽钧	心壤之上，万亩花开

高中生美文读本

序　号	作　者	作　品
1	韩小蕙	目标始终如一
2	林　彦	星星还在北方
3	刘庆邦	端　灯
4	刘心武	起点之美
5	梅　洁	楼兰的忧郁
6	裘山山	相亲相爱的水
7	王兆胜	阳光心房
8	辛　茜	鸟儿细语
9	杨海蒂	杂花生树
10	尹传红	由雪引发的科学实验
11	朱　鸿	高考作文的命题与散文写作